모든 것을 고객중심으로 바꿔라

차례
Contents

프롤로그, 소외된 서비스를 넘어서

　지금까지의 서비스에 대한 개념과 고객을 바라보는 입장은 경영하는 자의 관점에 의한 것이었다. 고객만족 그 자체가 수단이 아닌 목적이라고 주장하는 책에서조차도 그 주장을 뒷받침할 만한 일하는 자-고객만족을 직접적으로 실행하는 사람-의 그것에 대해서는 한 마디도 하지 못하는 모순을 안고 있다. 서비스와 고객만족이 완전하게 일하는 자의 것이 되지 못하고 있는 원인은 이를 보다 높은 수익창출을 위한 수단으로 강요했기 때문이다. 이것이 지금의 '서비스'라는 말이 가진 원죄이다.

　처음부터 서비스가 일하는 자들의 행복과 권익을 위한 것으로 주장되었다면 일하는 사람들이 이 말을 거부감을 가지고 받아들일 리 없다. 오히려 이를 아끼고 사랑하며 '구호'로 여

길 것이다. 하지만 현실은 그렇지 못하다. 게다가 시중에 쏟아져 나오는 서비스 관련 서적 중에서 일하는 자들에게 '당신이 왜 친절해야만 하는지'를 솔직히 말해 주는 책은 찾아보기 어렵다.

서비스 자체가 일하는 자들의 입장과 상반되는 것을 내용으로 하는 것은 아니다. 그 자체는 인본주의적인 본질을 내재하고 있다. 서비스란 인간에 대한 인간의 애정을 나타내는 말이기 때문이다. 서비스가 소외되었다는 것은 단지 서비스라는 말을 사용하는 사람의 의도와 목적에 의해 왜곡되어지는 현실을 말하고 있을 뿐이다. 세상의 사물이란 사용하는 사람의 목적과 방법에 의해 그 유용성이 결정되는 것이지 그 자체만으로 가치를 판별할 것은 아니다.

이제 서비스를 일하는 사람의 것으로, 보다 낮은 곳으로 끌어내려야 한다. 그래서 일하는 자가 서비스의 개념을 정확히 알고 실행할 수 있도록 해야 한다. 그러기 위해서 우리는 다음 질문에 대답을 해야만 한다.

"나는 왜 다른 사람들에게 친절하지 않은가?"

이 물음에 대한 나의 대답은 의외로 간단하다. 그 결과물이 내 것이 아니기 때문이다. 친절에 대한 결과물이 내 것이 아닐 때 사람들은 친절에서 멀어진다. 일하는 사람들은 눈에 보이지 않는 서비스활동에 집중하는 것보다 기획하고 생산하여 판매

루트를 하나 더 뚫는 것이 직장에서의 성공에 가깝게 만든다는 것을 경험으로 알고 있다. 게다가 지금까지 우리 조직문화는 친절함을 능력으로 인정해서 올바르게 평가해 주기보다는 다른 사람들이 싫어하는 일이나 처리하는 미덕쯤으로 여겨왔다.

이렇게 서비스는 우리 사회에서 생산활동이나 판매활동의 들러리 역할에 그치고 있다. 고작해야 원활한 생산을 위한 인간관계의 윤활유나 판매촉진을 위한 고객 모시기의 한 방편으로 대접받아 왔던 것이다. 그러면서도 경영자는 서비스가 중요하다고 이야기한다. 이것은 이율배반에 가깝다.

서비스의 의미가 일하는 사람들에게 제대로 인식되지 못한 것은 그것을 경영자가 강요하고 있기 때문인데 경영 쪽에서는 그 이유를 그들이 '아직 몰라서' 그렇다고 말한다. 일하는 사람들이 세상의 변화에 둔감하고 자기중심적인 가치관에 사로잡혀 다른 사람에 대한 배려나 친절이라는 보다 차원 높은 가치를 깨닫지 못하고 있다는 것이다. 서비스의 결과물이 일하는 사람들에게 돌아가지 않기 때문에 고객만족전략이 실패한다는 사실을 모르고 있다.

이제 소외된 서비스를 피라미드의 상층부에서 하층부로 끌어내려야 한다. 일하는 사람이 이를 이용하고 활용하여 서로 충전하며 살 수 있도록 해야 한다. 그렇지 않으면 '서비스'는 여전히 우리를 불편하게 만드는 목 안의 가시 같은 것에 불과할 뿐일 것이고 급기야는 그것에 저항해 싸워야 할지도 모른다. 서비스가 살아야 우리도 산다.

고객중심의 사고로 전환하라

내게 필요한 건 숨을 수 있는 곳이다

> 일이 저주가 아니라 고역이 저주다.
> — 헨리 와드 비처(Henry Ward Beecher)

컴퓨터 없이 일한다는 것은 상상할 수도 없는 시대가 왔다. '속도'가 곧 경쟁력이기 때문이다. 결재판을 들고 이리저리 뛰어다니는 회사는 이미 경쟁력을 잃고 좌초되는 일만 남은 곳이다. 변화가 느리다는 행정기관에서도 이미 전자결재시스템이 도입돼서 결재판은 사라지고 대부분의 업무가 전산화되었다.

과거에는 컴퓨터를 지금의 복사기처럼 여러 명이 함께 사용했기 때문에 줄을 서서 기다릴 만큼 귀한 대접을 받았지만, 시대변화에 따라 업무가 급속히 전산화되면서 개인마다 한 대의 PC가 기본적으로 제공되었고 나온 지 몇 년 지나지도 않은 쓸만한 PC들이 폐품 취급을 받으며 사무실 구석에서 먼지를 뒤집어쓰고 있는 모습도 볼 수 있게 되었다. 그래서 요즘은 직원을 해고할 때 컴퓨터부터 없앤다고 한다.

행정기관에서도 이런 시대의 흐름은 피할 길이 없어 컴퓨터의 활용도가 업무능력을 평가하는 척도 중 하나로 인식되고 있다. 매년 컴퓨터 활용능력, 워드프로세서 등의 컴퓨터관련 자격증을 따려는 공무원들의 수가 급증하고 있는 것도 이런 흐름과 무관하지 않을 것이다.

하지만 컴퓨터의 보급에 따라 사무실 면적도 같이 확대되는 것은 아니어서 작은 책상에 컴퓨터 모니터 하나를 올려놓으면 그야말로 책상의 절반 이상을 모니터가 차지해 버린다. 게다가 키보드와 마우스까지 자리를 차지하고 나면 서류하나 제대로 펼쳐 놓기가 힘이 든다. 다행히도 요즘은 LCD모니터가 보급되어 차츰 텔레비전만한 큰 모니터가 사라지고 있으니 작고 비좁은 책상에 불편해 하던 직원들에게는 희소식이 아닐 수 없다.

얼마 전 사무실에서 있었던 일이다. 구형 모니터를 신형

LCD모니터로 교체할 수 있도록 LCD모니터 몇 대가 지사별로 배정되어 내려왔다. 전산담당자는 사무실 이곳저곳을 찾아다니며 누구에게 이 '좋은' 모니터를 교체해 줄까 고민하다가 한 직원에게 물었다.

"김 대리님, 신형 LCD모니터가 몇 대 내려왔는데 책상도 좁고 하니까 바꿔 드릴까요?"

이 말을 듣고 잠깐을 고민하던 김 대리 왈,

"아니, 난 저런 거 필요 없어. 다른 사람에게나 줘."

좋아서 펄쩍 뛸 줄 알았는데 다른 사람에게 주라니 양보심이 많은 직원인가 싶기도 했지만 의아하다는 생각도 들어 다시 물었다.

"왜요? LCD모니터는 얇고 평면이어서 눈의 피로도 덜어주고 자리도 얼마 차지 안 해요. 좋은 건데……."

"저건(LCD모니터) 작아서 뒤에 숨을 수가 없잖아. 나는 지금 쓰고 있는 텔레비가─사무실에서는 모니터를 텔레비라고 부른다─숨기도 좋고 더 좋아."

다른 사람을 배려하는 마음이 아니라 큰 모니터가 상사나 고객들의 눈을 피하고 몸을 숨기기에 좋기 때문에 싫다니…….

직장의 분위기가 비 오는 여름날 오후 마냥 눅눅하면 직원들의 마음은 닫히고 고객과의 만남도 꺼리게 된다. 상사의 레이더망으로부터 벗어나기 위해서, 찾아오는 고객들의 눈을 피하기 위해서 자신의 몸을 가려 줄 무언가가 필요한 분위기라면 고객만족은 머나먼 딴 나라의 이야기가 될 수밖에 없다. 아무리 좋은 환경과 시스템을 갖추고 있다 해도 즐겁게 일할 수 있는 곳이 아니라면 높은 성과를 기대하기는 어렵다.

우리직장의 직원들은 숨을 만한 곳을 찾아 업무시간을 이래저래 흘려보내고 있지나 않은지 생각해 볼 일이다.

불공정한 서비스는 신뢰를 무너뜨린다

차별이 무서운 것은 그것으로 인해 불만들이 생기는 것이 아니라 사람과 사람 간의 신뢰가 무너진다는데 있다.

서울에 사는 아들을 보기 위해 시골에서 어머니가 올라왔다. 아들은 "어머니, 오시니까 좋죠? 오래 계시다가 가세요. 맛있는 것도 많이 드시고……"하며 반겨 주었는데 며칠 지켜보니 그것이 아니었다. 아들의 행동을 보니 첫 번째로 아끼는 것이 자기 마누라고 두 번째가 자식, 세 번째 장인과 장모, 네 번째 강아지, 마지막 다섯 번째가 어머니였다. 화가 난 어머니는 며느리의 립스틱으로 거울에 이런 글을 남기고 시골로 내려가고 말았다.

"1번아 잘 있거라. 5번은 간다."

차를 운전하다가 옆 차선에서 다른 차가 내 차 앞으로 끼어들려고 하면 우리는 어떻게 할까? 아마 대부분의 사람들이 액

셀러레이터를 밟아서 앞차와의 간격을 좁힐 것이다. 그래야 옆 차가 끼어들지 못하기 때문이다. 이것이 보통사람들이 생각하고 행동하는 방법이다. 자기 앞에 옆 차선의 차가 끼어들면 왠지 기분이 나쁘고 끼어드는 차가 내 자리를 차지해서 내가 그의 뒤에 서 있게 된다는 것에 불쾌감을 느낀다.

이렇듯 불만은 자신이 정당한 권리가 있음에도 그것을 인정받지 못하고 다른 사람에게 빼앗겼다고 생각하는데서 온다. 다시 말해 불만은 차별을 받고 있다는 생각에서 온다. 다른 사람에 비해 차별을 받고 있다고 느끼는 사람들은 중요한 의견 다툼이 생기면 종종 이렇게 이야기한다.

"네가 한 게 뭐 있는데!"

상대방에 비해 내가 더 많은 일을 했지만 이익은 상대방이 더 많이 받아 왔으니까 나도 내 것을 찾아야겠다는 뜻이다. 아내에게 이런 이야기를 듣는 가장이라면 아내가 가사노동 같은 특정 부분에서 상대적으로 피해의식을 가지고 있다는 사실을 알아채야 한다. '그렇게 말하는 너는 한 게 뭐 있는데'라는 식으로 받아쳤다가는 큰 싸움이 되기 십상이다.

많은 공무원들이 근무평정에 불만을 가지고 있다. "나는 열심히 일하고 능력도 있는데 왜 나에게는 보상이 적은가? 보상을 공평하게 하라"고 외치고 있다. 다른 사람에 대한 평가는 엄격하게 하면서도 자신에 대한 평가에는 관대한 것이 인간의 심리이기 때문에 차별 받고 있다는 느낌이 더욱 강하게 들게 되고 그럴수록 불만은 커지는 것이다.

사실 차별이 무서운 것은 이런 불만들이 생기기 때문만이 아니라 사람과 사람 간의 신뢰가 무너진다는데 있다. 불평과 불만은 잘만 해결하면 창조적인 갈등으로 승화되어 오히려 각자의 발전에 도움이 되기도 하지만 그렇지 못한 경우에는 신뢰를 잃어버리고 이것은 곧 커다란 손실로 돌아오게 된다.

  차별은 내부적인 문제에서만 발생하는 것이 아니다. 고객에게 가장 큰 불만이 생기는 경우도 차별 받고 있다는 기분이 들 때이다. 분명히 자신이 먼저 도착했는데 줄이 분명치 않아서인지 접수하는 담당자가 자기보다 늦게 도착한 사람의 일을 먼저 처리해 줄 때 우리는 차별 받았다는 생각과 함께 심한 불만을 느끼게 된다. 데이비드 마이스터(David Maister)는 자신의 '대기심리이론'에서 '언제 서비스를 받을지 모른 채 무턱대고 기다리는 것보다 대기인의 수를 알리는 것이 도움이 된다'는 것과 '불공정한 대기시간이 더 길게 느껴진다'는 것을 주장했다. 불공정이 불만을 낳고 신뢰를 잃게 만든다는 것이다.

  행정서비스에서의 평등은 그만큼 중요하다. 사람은 상대방과 비교해서 뭔가 다르다고 생각되면 그 책임을 자신이 아닌 다른 사람에게서 찾으려고 한다. 행정은 이런 인간사회의 가치를 효율적으로 배분하는 일을 한다. 따라서 최대한의 사람들이 불만을 가지지 않도록 해야 한다. 즉 모든 사람을 평등하게 대우해야 한다는 말이다.

  일명 '딱쇠'라고 불리는 구두를 닦는 사람들이 여러분의 사무실을 들락거릴 것이다. 신기한 것은 그가 그냥 대충 수거해 가는 것 같이 보이는 구두들을 어떤 구두가 누구의 것인지 모두 기억한다는 것이다. 절대 다른 사람과 구두가 바뀌는 일은 없다. 하도 신기해서 언젠가 어떻게 하면 그렇게 구두의 주인을 정확하게 기억할 수 있는지를 물어 본 적이 있었다. 내가 들을 수 있는 대답은 "에이~, 우리는 프로잖아요"라는 짤막하고 간단한 대답이었다.

진정한 프로라면 찾아오는 고객들의 순서 정도는 분명히 기억하고 있어야 할 것이다. 물론 순서를 기억할 필요가 없도록 번호표를 이용하거나 다른 시스템을 작동시킬 수 있다면 더 좋을 것이다. 좋은 시스템은 직원들이 자신의 업무에 보다 충실할 수 있도록 도와준다. 고객들을 차별하지 않고 평등하게 대하려는 직원들의 노력과 함께 고객의 편의를 생각하는 시스템을 갖추려는 조직의 배려가 그 조직을 '프로'로 만들 것이다.

웃음은 만능해결책이다: 염화미소(捻華微笑)

주먹을 쥐고 악수를 할 수는 없다.

― 골다 메이어(Golda Meir)

어느 날 석가세존께서는 영산에 제자들을 모아 놓고 설교를 하셨다. 그때 석가께서는 연꽃을 손가락으로 쥐면서 제자들에게 보이셨다. 다른 제자들은 그 뜻을 몰라 가만히 있었지만, 가섭존자(迦葉尊者)만은 그 뜻을 깨닫고 빙그레 미소(微笑)를 지었다. 즉, 석가께서 연꽃을 쥐심에 대하여 가섭존자가 미소하여, 염화미소가 성립된 것이다. 그리하여 석가께서는 가섭존자를 인정하시고 이렇게 말씀하셨다.

내게는 정법안장(正法眼藏: 사람이 본래 갖추고 있는 마음의 묘한 덕)과, 열반묘심(涅槃妙心: 번뇌와 미망에서 벗어나 진리를 깨닫는 마음)과, 실상무상(實相無相: 불변의 진리)과, 미묘법문(微妙法門: 진리를 깨닫는 마음)과, 불립문자(不立文字)와, 교외별전(敎外別傳: 다같이 경전이나 언어 등에 의하지 않고 이심전심으로 전한다는 뜻)이 있다. 나는 이것을 가섭존자에게 부탁한다.

염화미소란, 말을 하지 않아도 그 뜻을 알아듣고 미소를 지을 수 있는 이심전심의 상태를 말하는 것이다. 헌데 과연 가섭존자가 석가모니의 마음을 알았을까? 혹여 아무것도 모르고 그냥 웃었는데 석가모니가 자신의 뜻을 안다고 생각하여 그를 인정해 주었던 것은 아닌가 하는 불손한 생각도 든다.

우리는 상대방이 나에게 미소를 보내면 '당신을 인정합니다', '당신의 뜻을 알겠습니다', '저에게 모든 것을 맡기고 부탁하십시오', '저는 당신을 환영합니다' 등의 호의적인 의미로 받아들이는 경향이 있다. 그래서 그의 의도와 뜻은 고려하지 않고 그를 무작정 나의 편으로 인정하게 된다.

염화미소의 이야기에서 석가모니가 연꽃을 보인 이유는 탁한 연못에서 그것을 헤치고 한 송이 아름다운 꽃을 이룬 연꽃처럼 제자들도 이 지저분하고 어두운 세상을 이기고 성장해서 연꽃처럼 뜻을 이루라는 의도였을 것이다(물론 이것도 어디까지나 추측일 뿐이다).

이 뜻을 아는 듯 가섭존자는 미소 지었고 그 웃음에 석가모니는 그를 수용하고 인정하였다.

고객이 일선 동사무소나 은행 등을 방문했을 경우, 문을 열고 들어가는 순간 누구를 먼저 찾아갈까? 직원배치도를 보고 자신의 업무를 처리해 줄 담당자를 찾아갈까? 그렇지 않다. 고객은 자신의 업무를 처리하는 곳은 바로 이곳이라고 생각할 뿐, 자신의 업무를 누가 담당하는지에 대해서는 별 관심이 없다. 자신의 일만 처리하면 되는 것이다.

그가 가장 먼저 찾아가는 사람은 자신의 일을 가장 잘 처리해 줄 것 같아 보이는 사람이다. 미소를 지으며 웃고 있거나 먼저 눈을 마주쳐 주고 인사를 하는 사람이 그런 사람이다.

불안한 마음으로 행정기관을 찾아간 경험은 누구나 가지고 있을 것이다. 내 일이 잘 처리 될 것이라는 기대는 있지만 그 일에 대한 자세한 법과 규정을 알지 못하고 예측할 수 없기에 불안한 마음으로 행정기관을 찾아간다. 그런 마음으로 행정기

관을 찾아가다 보니 자연스럽게 웃고 있는 사람 앞으로 다가
가게 되는 것이다. 웃고 있는 사람은 나를 따뜻하게 맞아 줄
것 같고 내 이야기를 잘 들어줄 것 같다.

웃음은 다른 사람에게 호감을 주는 효과가 있어 상대방에
게 좋은 이미지를 심어준다.

살인미소라고 불리는 김재원, 서민정 같은 신세대스타들을
보면 그것을 실감하게 된다. 두 사람의 웃지 않는 얼굴을 상상
할 수 없다. 그들이 착한지 성실한지 혹은 명석한 두뇌를 가졌
는지 등에 대해 알지 못하지만 나는 그들을 좋아한다. 그들이
항상 웃고 있기 때문이다.

잘 웃는 사람은 건강하고 스트레스가 없다. 스트레스가 없
는 사람은 업무성취도가 높고 직장에 대한 불만도 적을 뿐 아
니라 자신에 대한 긍정적인 마인드를 가지고 있어 창의력 또
한 높아진다.

운동선수들은 한번씩 슬럼프라는 것을 겪는다고 한다. 이때
슬럼프를 얼마나 빨리 극복하느냐 하는 것이 훌륭한 선수가
되느냐 못되느냐를 좌우한다. 슬럼프를 쉽고 빠르게 벗어나게
하는 것은 자신에 대한 긍정적인 인식과 낙천적인 태도이고
그것은 의식적인 웃음을 통해서 가능하다. 좋은 일이 없어도
억지로 웃으면 기분도 따라서 좋아지게 된다.

사람들은 웃음을 습관이라고 이야기한다. 통계에 의하면 어
린아이는 하루에 500번 이상 웃지만 어른이 되어서는 15번

정도 밖에 웃지 않는다고 한다. 많이 웃어야 한다. 웃을 일이 없어도 억지로 웃어야 한다. 그것이 자신을 긍정적으로 바꾸는 습관이다.

존 나이스비트(John Naisbitt)는 '기업의 성패를 좌우하는 결정적인 척도가 물적 자원에서 인적 자원으로 전환되었다'고 이야기한다. 산업화시대의 기계와 자동생산체제에서는 물적인 것들이 우선시 되었지만 지식정보화 사회에서는 인간의 창의력과 시너지를 발휘하는 협력이 중요시된다. 웃음은 구성원들의 개방적 행동을 유도하고 마찰을 줄여주는 윤활유 역할을 함으로써 조직의 생산력향상에 기여한다. 밥 로스(Bob Ross)는 『Fun경영 *That's a good one*』에서 "다른 사람과의 친밀감을 형성하기 위해 사용한 유머는 그들의 비판을 누그러뜨리고 긴장을 완화시키고, 사소하지만 모이면 큰 효과를 만들어내는 수많은 이득을 가져온다. 나는 인간의 삶에서 이보다 더 유용하게 사용될 수 있는 것을 알지 못한다. 유머는 그야말로 만능 해결책인 것이다"라고 했다. 웃음은 웃는 개인 뿐 아니라 주위에 전염되는 경향이 있다. 따라서 상호 협력을 증진시키고 시너지효과를 만들어내며 창의력을 향상시키게 될 뿐 아니라, 상황을 긍정적으로 인식하게 하여 위기를 극복할 수 있는 힘이 된다.

나는 아직도 궁금하다. 가섭존자는 과연 석가모니의 뜻을 알고 웃었던 것일까?

사람들은 누구나 인정받기를 원한다

> 상대방을 칭찬하면 나도 칭찬을 받고 상대방을 욕하면
> 나도 욕을 먹는다.

개그맨 중에서 치과의사를 하는 사람도 있고 치과의사가 가수를 하는 사람도 있고 낮에는 회사원으로 밤에는 대리운전 기사로 열심히 일하는 사람도 있다. 이유야 어찌되었건 그들의 열정적인 삶에 박수를 보내고 싶다. 그들을 보면서 이런 생각을 해 본다. 치과의사와 개그맨 중 하나의 직업만 선택하라고 하면 그는 어떤 것을 선택할까?

내가 그라면 아마도 개그맨을 선택할 것이다.

사람들은 누구나 다른 사람들에게서 칭찬과 존경을 받고 싶어 한다. 다시 말하자면 사람은 인기를 얻고 인정받기를 원한다. 우리가 멋진 옷을 사 입고 예쁘게 화장을 하고 머리모양 하나에도 신경을 쓰는 이유는 다른 사람들에게 인정받고 싶은 욕구 때문이다.

새 옷을 말끔하게 차려 입고 사무실에 출근했다고 하자. 동료들 중 누구도 새 옷에 대해 '예쁘네요'라고 칭찬해 주지 않는다면 당신은 어떤 마음일까? 첫날은 그렇다 치고 둘째 날도 똑같은 옷을 입고 갔는데 역시 모른 척 한다면 서운한 마음까지 들 것이다. 일주일 내내 같은 옷을 입고 갔는데 계속 모른 척하다가 일주일이 지나서 '옷 샀네'라고 말하는 직원이 있

다면 당신은 이렇게 이야기 할 것이다.

"그걸 인제 알았어? 벌써 일주일이나 됐는데."

그것도 짜증스런 말투로 말이다.

사람들은 누구나 다른 사람에게 인정받고 싶어한다. 자신이 어떤 한 분야에서 인정받는다고 생각하면 그는 그 분야에 대해서는 절대 남에게 지지 않으려고 노력할 것이고 그만큼 발전할 것이다.

하지만 우리가 그의 장점을 몰라줄 때 그는 '나는 이 분야에 재능이 없어'라고 쉽게 포기해 버릴지도 모른다. 사람들은 자신이 준비한 것들을 살짝 흘려서 상대방의 반응을 살펴보는 경향이 있다. 크게 표시 내거나 공식적으로 발표했다가 자칫 실패해서 돌아오는 파장이 걱정되기 때문이다. 이런 간접적인 방법으로 자신이 잘했는지 못했는지를 평가받으려 한다. 이때 상대방의 반응이 좋지 못하면 그는 그 방법을 포기해야만 한다. 그리고 그는 그 방법을 포기함과 동시에 자신에게 핀잔을 주거나 과소평가했던 사람을 기억하게 될 것이다.

서로의 장점을 인정하고 관계를 발전시키는 방법 중에 가장 좋은 것은 칭찬이다. 칭찬이 없는 인간관계는 딱딱하게 경직된 사무적인 관계일 뿐이다.

나와 동료의 관계가 어딘가 모르게 어색하고 경직되어 있다면 내가 칭찬에 인색한 것은 아닌지 다시 생각해 보아야 한다. 우리 속담 중에 '가는 말이 고와야 오는 말이 곱다'는 말이 있다. 누구나 이 말의 의미를 알지만 그것을 실천하는 것은 생각만큼 쉽지 않다. 동료들 중에서 인간관계가 좋은 사람들을 오늘 하루만 자세히 관찰해 보라. 그들이 어떤 행동을 하고 어떤 일을 하고 상대방을 어떻게 만나고 이야기하는지를 말이다.

그들의 특징은 몇 가지로 정리할 수 있을 것이다. 항상 즐겁다는 것과 그가 나를 좋은 감정으로 대하고 있다는 느낌 정도일지도 모른다. 하지만 그것이 가장 중요한 것이다. 내가 '그 사람이 나를 좋은 감정으로 대하고 있다'고 생각하고 있다는 것! 이것이야말로 가장 중요한 인간관계의 요소이다.

상대방이 나를 좋은 감정으로 대하고 있다면 나도 상대방을 좋은 감정으로 대하게 된다. 상대방의 이야기도 충분히 들어줄 수 있고 잠깐 그가 실수하여 나에게 작은 피해가 오더라도 웃고 넘어갈 수 있다. 반대로 상대방이 나를 별로 좋지 않은 감정으로 대한다면 나 또한 상대방에게 호의를 느끼기 어렵다.

입장을 바꿔서 내가 상대방에게 좋지 않은 감정을 가졌다면 상대방도 분명 나에게 좋지 않은 감정을 가질 수밖에 없다. 내 마음속을 '상대방이 어떻게 알아'하고 넘어가기에는 그 결과가 너무나 위험하다. 사람의 마음은 표정과 행동으로 반드시 나타나기 마련이며 나타나지 않는다 하더라도 우리는 너무나도 쉽게 상대방이 나를 어떻게 생각하는지에 대해 느낄 수 있다.

"영희 씨는 원래 예뻐서 아무거나 다 잘 어울려."

"역시 일을 정확하게 하는 데는 천부적인 소질이 있어."

위와 같이 상대방을 칭찬했다면 상대방은 분명 긍정적인 기운을 받고 칭찬한 나 또한 긍정적으로 생각할 것이다. 반대로,

"영희 씨, 옷이 좀 칙칙하다~. 봄에 웬 남색 옷이야?"

"일을 복잡하게 만들지 말고 간단히 좀 해!"

라고 했다면,

"자기 일이나 신경 쓰시지!"하고 자신을 돌아보기는커녕 나를 먼저 비난할 것임이 분명하다. 칭찬하느냐 비난하느냐에 따라 사무실이 고문실이 되느냐 오락실이 되느냐가 결정된다는 사실을 명심하자.

'미운 놈 떡 하나 더 준다'는 속담이 있다. 왜 미운 놈에게 떡 하나를 더 줄까? 좋아하는 놈은 훌륭하게 크라고 매로 다스리고 미운 놈은 자기를 미워한다고 생각하지 말라고 떡 하나 더 준다는 것이다. 오늘 사무실에 마음에 들지 않는 사람이 있다면 그에게 떡을 주도록 하자. 혹시 그가 차츰 좋아지기 시작할지도 모르니까.

친절은 전염된다 : 근묵자흑(近墨者黑)

학생들은 수업을 받는 것이 아니고 교사를 받아들인다.

― 조벽 교수

먹을 가까이 하는 사람은 검어지고 좋은 사람을 가까이 하면 좋은 사람이 되며, 친절하고 상냥한 사람과 가까이 하면 친절하고 상냥한 사람으로 변한다.

부모님이 우리에게 항상 강조해 왔던 말이 있다.

"나쁜 친구를 사귀지 마라."

아이들이 잘못된 길로 빠져들었을 때, 부모님은 비슷한 말로 이 사태를 설명한다.

"우리 애가 친구를 잘못 만나서 그래요."

어느 날 인사이동으로 새로운 직원이 전입을 왔다. 그 직원은 상냥하고 싹싹해서 전화를 받을 때도 반드시 끝인사를 정중하게 하고는 전화상담을 마무리했다.

"예, 좋은 하루 되시구요, 필요하시면 언제든지 전화 주십시오."

이런 그의 태도가 눈에 띄는 건 사실이었지만 누구도 이것에 대해 좋다 혹은 싫다는 말은 하지 않았고 그냥 전화 받는 그의 태도가 특별하다는 정도로만 생각하고 있었다.

당시 우리 팀의 분위기는 업무의 성격상 '빡빡한' 분위기여서 첫인사도 대충대충 하고 끝인사는 아예 안 할 때가 많았다. 상냥하고 친절하게 대하면 고객들이 만만하게 보고 들어줄 수 없는 무리한 요구를 한다는 안 좋은 경험들이 쌓여 아예 가치관으로 자리를 잡는 분위기였다.

그러던 어느 날 새로 전입 온 직원이 자리를 잠시 비운 사이 다른 동료가 전화를 받고 고객과 한참을 옥신각신한 끝에 합의를 보았는지 통화내용을 열심히 기록하더니 전화를 끊으면서 이렇게 말했다.

"예, 좋은 하루 되십시오. 필요하시면 언제든지 연락 주시고요."

평소에 그의 성격상 이런 말이 나올 리 만무하기에 순간 주위에 형용할 수 없는 이상한 분위기가 형성되었다. 전화를 끊고 난 후 그는 자신도 놀랐는지 멋쩍은 표정으로 주위를 둘러봤다. 그리고는 슬며시 자리를 뜨는 뒷모습에서 새로 전입 온 그 상냥한 직원의 모습이 겹쳐져 보였다. 우리는 자신도 모르게 그를 닮아 가고 있었던 것이다.

근묵자흑이라는 말은 이런 경우를 보고 한 말일 것이다. 사람의 인생은 주위에 어떤 사람이 있느냐에 따라 성공과 실패가 좌우되고 행복과 불행이 갈린다고 해도 과언이 아니다. 그렇다면 당연히 우리는 주위의 사람들을 우리 자신보다 훌륭하고 좋은 사람들로 채워나가야 한다.

하지만 불행히도 우리들 대부분은 그러질 못한다. 자식들에게는 좋은 친구들과 사귀라고 끊임없이 주입시키면서도 정작 자신은 자신보다 훌륭하고 배울 것 많은 사람을 만나게 되면 질투하고 의심하며 그를 깎아 내리는데 급급하다. 인간의 자존심이 만들어내는 자기한계이다.

이때 필요한 것이 현재의 내 모습을 있는 그대로 인정하는 용기이다. 거울에 비친 자신의 모습을 보면서 완벽하게 만족하는 사람은 그리 많지 않다. 하지만 오랫동안 거울을 보면서 웃어도 보고 찡그려도 보면서 '그냥 쓸 만 하네'라고 긍정적으로 생각하다 보면 금방 자신감이 되살아난다. 이것은 일종의 용기에 해당한다. 부족한 것을 알면서도 그런 나를 인정하는 것은 쉬운 일이 아니기 때문이다.

일단 오늘의 내 모습을 스스로 수용하고 인정하게 되면 그 솔직함에서 오는 힘 때문에 자신보다 뛰어난 사람들을 존경하고 인생의 스승으로 모실 수 있는 기회를 부여받게 된다.

전입직원을 따라 끝인사를 멋있게 했던 우리의 동료는 이미 마음속에서 자신도 모르게 스스로의 부족함을 인정하고 전입직원의 전화응대태도에 마음이 따라 움직이고 있었을 것이다. 그것이 자연스럽게 자신의 태도까지 변화하도록 만들었음이 분명하다.

뛰어난 성과를 달성하는 조직에서 구성원들은 상호 영향을 미치며 리더로서의 역할을 한다. 각자가 맡은 분야에서, 각자가 잘 하는 일에 대해서는 자기만의 독특한 방식과 철학으로 구성원끼리 서로 영향을 미치고 영향을 주고받으며 성장하게 된다. 상호 학습하는, 커뮤니케이션이 활발한 직장의 미래가 밝은 이유가 여기에 있다.

나는 나보다 뛰어난 사람을 견제하거나 질투하는 마음으로 소중한 배움과 성장의 기회를 놓치고 있지나 않나 생각해 볼 일이다.

대접받는 손님이 되는 비결

  비싼 호텔을 찾아오는 손님들이 많지만 그 중 한번 오고
도 다음에 올 때 단골손님 대접을 받는 사람도 있고 열 번
을 오더라도 더 이상 관계가 발전되지 않는 손님들도 있다.
                                    - 서울 힐튼호텔 김춘호 과장

  사람들은 누구나 한번 방문한 후 두 번째 방문부터는 단골
손님으로 좋은 대접을 받고자 하는 기대감을 가지고 있다. 호
텔, 식당, 거래처뿐 아니라 관공서에서도 마찬가지이다. 우리
가 단지 한번밖에 가보지 않은 곳을 마치 잘 아는 곳인 양 표
현하고 다니는 것을 보면 단골손님으로 대접받고 싶어하는 것
은 인간의 타고난 본능 중 하나인 것 같다.

  이러한 인간의 심리를 이용해 기업들은 CRM(Customer
Relationship Management: 고객 관계 관리)이라는 용어까지 만들
어가며 이를 마케팅에 적극적으로 활용하고 있다. 기업뿐만
아니라 동네 구멍가게에서조차 이러한 인간의 마음을 이용해
자신의 가게에 손님을 모으는데 활용하는 것을 보면 인정받으
려는 인간의 심리가 아주 보편적인 욕구이기는 한 모양이다.

  하지만 사람들의 기대와는 달리 찾아오는 사람들이 모두다
단골이 되는 것은 아니다. 김춘호 과장의 표현대로 열 번을 찾

아와도 더 이상 관계가 발전되지 않아 단골손님으로 대접받지 못하는 사람이 있는가 하면 단 한번의 방문으로 다양한 서비스를 제공받으며 귀빈으로 접대 받는 사람도 있다. 왜 그럴까?

그 이유는 손님도 손님다워야 대접받을 수 있기 때문이다.

손님다워야 한다는 것은 무슨 의미일까? 지금부터 손님다워지는 비결을 몇 가지 소개할까 한다.

첫 번째는 그곳에 근무하는 직원들을 인간적으로 대하라는 것이다. 비싼 호텔이나 레스토랑에 가보면 근무자들의 태도가 정중하고 분위기 또한 정숙하고 깔끔하게 연출해 놓았다. 하지만 그곳에 근무하는 사람들도 어쩔 수 없는 인간이다. 일반적인 생각과 욕구를 가진 사람인 것이다.

인사를 해도 본 척도 하지 않거나 아주 당연하다는 듯이 거만하게 인사를 받는 등 비싼 대가를 치렀으니 대접받아야 한다는 생각으로 직원을 마치 하인 대하듯 하게 되면 서비스를 제공하는 사람도 기분 좋을 리 없다. 반대로 분위기에 압도되어 주눅 든 표정으로 말없이 행동해서도 좋은 서비스를 받을 수 없다. 종업원들이 고객의 표정에서 불편함을 발견하게 되면 스스로의 말과 행동을 조심하게 되어 자발적이고 추가적인 서비스제공의 기회가 없어져 버린다.

거만한 표정이나 주눅 든 표정 대신 친구 같은 따뜻한 말과 행동으로 그들을 대한다면 프로인 그들은 쉽게 고객의 마음을 알아보게 될 것이다. 자신에게 인간적인 배려를 해 주는 고객을 만나면 서비스를 제공하는 사람도 뭔가 더 해 주고 싶다는 생각이 든다. 인간적인 대접을 받았다고 생각하기 때문이다.

하나의 서비스를 받아도 서비스를 제공하는 사람의 마음과 정성이 녹아 있지 않다면 그것은 만족스러운 서비스일 수 없다. 만족스럽지 못한 서비스를 받았을 때 직원을 인격체로 대하지 않는 불량 고객들은 '서비스가 좋은 곳이라고 하더니만 별 것도 아니군'하는 식의 말을 뱉으며 자신을 위로한다. 좋은 서비스를 받으려면 스스로 좋은 고객이 되어야 한다는 중요한 사실을 간과하고 있는 것이다.

두 번째는 솔직하게 행동하라는 것이다. 솔직하다는 것은 자연스럽다는 것을 의미한다. 인간은 분위기에 따라 행동이 달라지는 탓에 크고 비싼 식당에 가면 점잖은 척 표정이 굳어지고 말이 없어지지만 작고 시끌벅적한 식당에 가면 "아줌마 여기요!"하면서 평소의 말투가 자연스럽게 나온다. 어느 것이 본 모습일까?

고급스럽고 비싼 곳이라고 해서 인간적인 본래의 모습이 사라지는 것은 아니다. 대문호 괴테(Goethe)는 "어른들의 마음속에는 밖에 나가 뛰어 놀고 싶은 어린이가 숨어있다"고 간파했다. 오히려 자연스럽고 친화적인 말투가 그곳 근무자들의 마음속에 숨어 있는 본래의 마음을 끄집어내서 우리와 친구가 되게 할 것이다.

높은 인격과 성숙된 정서를 가진 사람들은 엄숙하고 딱딱

한 분위기에서도 자연스럽게 행동할 수 있는 힘을 가지고 있다. 오직 자신이 초라하고 작다고 생각하는 사람들만이 솔직하지 못하고 자신을 포장하는 가식적인 모습을 보이는 것이다. 솔직함과 자연스러움이 가지는 힘을 그들은 모르고 있다.

세 번째 요소는 좋은 질문을 하고 잠시 들어주라는 것이다.
고객을 두려워하는 종업원들의 특성으로 인해 그들은 스스로 개인적인 이야기를 먼저 꺼내지는 않는다. 이것은 직원들뿐 아니라 매장의 주인도 마찬가지이다. 혹시나 개인적인 이야기가 고객에게 실례가 되지 않을까 하는 걱정으로 먼저 마음을 열지 못하는 것이다.

이런 경우 고객이 먼저 말을 걸어 줄 필요가 있다.

"요즘 사업은 어떠세요?"

"인테리어가 장난이 아니네요!"

"요즘 같은 봄날에는 횟감으로 뭐가 좋아요?"

위와 같은 질문들은 종업원들이 갖는 고객에 대한 거리감을 줄여주고 긴장을 누그러뜨려 준다. 특히 그가 잘 아는 것에 대해 질문하다 보면 자연스럽게 고객에게 자신의 마음을 열어준다. 우리는 자신이 잘 알고 있는 것에 대해 물어주는 것을 좋아한다. 자신이 인정받을 수 있는 기회를 얻었기 때문이다. 이때 인식 있는 주인이나 종업원이라면 자신의 말을 길게 하지 않을 것이다.

"도와주신 덕분에 잘 되고 있습니다."

"이 근처에서는 우리 집 인테리어가 최고죠. 친구 하나가 인테리어 전문회사에 있어서 도움을 받았습니다."

"요즘 같은 봄날에는 도다리가 횟감으로 최고입니다. 오늘 들어온 싱싱한 도다리가 있으니 한번 드셔보시죠."

이런 정도의 대답과 이어지는 몇 번의 질문들이 세 번째 요소의 전부이다. 하지만 이것은 매우 중요하다. 대화는 짧지만 고객이 자신의 직업과 근무하는 곳에 관심을 가져 준다는 것은 커다란 심리적 동질감과 일종의 경외감까지 느끼게 하기 때문이다.

앞서 말한 몇 가지들을 종합해서 김춘호 과장은 '단골손님이 되기 위해 돈을 쓰려 하지 말고, 인간적이고 가끔은 소탈한 사람이 되도록 노력하라'고 간결하게 정리하고 있다.

어디를 가든 좋은 고객이 되어야 제대로 대접받는 법이다. 품위 있고 신사적인 고객들만이 당신에게 찾아오기를 바라듯이 당신도 다른 사람들에게 따뜻한 인간미가 느껴지는 좋은 고객이 되어야 하는 것이다.

꽃이 피는 건 힘들어도 지는 건 잠깐이다

신의 입장에서는 우주조차 덧없다는 이야기는 정말로 불쾌하다. 특히 할부주택의 첫 불입금을 방금 냈을 때는…….
— 우디 앨런(Woody Allen)

선운사에서

꽃이
피는 건 힘들어도
지는 건 잠깐이더군
골고루 쳐다볼 틈 없이
님 한번 생각할 틈 없이
아주 잠깐이더군

그대가 처음
내 속에 피어날 때처럼
잊는 것 또한 그렇게
순간이면 좋겠네

멀리서 웃는 그대여
산 넘어 가는 그대여

꽃이
지는 건 쉬워도
잊는 건 한참이더군
영영 한참이더군

       - 최영미(『서른, 잔치는 끝났다』, 창작과 비평사 中)

사랑이라는 것은 힘과 노력이 들기도 하거니와 그 열매를 맺기 위해서는 오랜 시간을 필요로 한다. 한 사람의 마음을 얻기 위해 힘과 시간을 아끼지 않고 노력했기에 종국에는 아름다운 열매로 결실을 맺게 되는 것이다. 하지만 이토록 성실하고 아름답던 사랑이 어느 순간에 부질없이 무너지기도 한다.

최영미 시인은 사랑을 이루기 위한 노력의 힘겨움과 일순간 무너져 내리는 허탈함을 '꽃이 피는 건 힘들어도 지는 건 잠깐이다'라고 표현하고 있다. 이 시가 아름다운 건 현실의 고단한 모습을 꽃이 피고 지는 과정에 비유하여 사랑의 과정을 온전히 보여주고 있기 때문이다. 게다가 마지막 연을 보면 그녀의 고통이 아직 진행형이며 영원히 끝나지 않을 것만 같다.

'지는 건 잠깐'이라는 점에서는 서비스도 마찬가지다.

고객의 마음을 얻기 위해서 많은 조직에서 '고객만족'이라는 구호를 내걸고 기업의 이미지 개선을 위해서 최선을 다하고 있다. 하지만 이런 노력에도 불구하고 한순간의 방심과 무관심이 공든 탑을 와르르 무너뜨리고 만다. 그야말로 한순간이다.

$$100-1 = ?$$

수학적으로 생각하면 $100-1=99$가 확실하다. 그렇다면 서비스에서는 어떨까?

혼히들 서비스적 사고에서는 100-1=0이라고 한다. 99번을 잘하고도 단 한번을 서비스에 실패하게 되면 결론적으로 그 조직의 서비스는 실패한 것이다. 10명의 직원이 친절하다 해도 단 한 명의 직원이 고객에게 불성실했다면 그 조직은 불성실한 조직이 되는 것이다. 이것이 서비스의 공식이다.

꽃이 피는 건 힘들어도 지는 건 잠깐이듯이 좋은 이미지를 만들기는 힘들어도 나쁜 이미지를 갖게 되는 것은 단 한번이면 족한 것이다. 사기업과 같이 상품개발과 광고를 통한 이미지개선이나 적극적인 마케팅활동을 통한 서비스개선 노력이 불가능한 공공기관에서는 이 공식이 더욱 큰 의미를 갖는다.

게다가 공공기관의 불친절한 이미지는 국가에 대한 국민의 기대나 자부심과도 연결된다. 국민이 국가에 대한 자부심이 줄어든다면 그 국가의 경쟁력은 약해질 수밖에 없다. 작은 불친절이 국가경쟁력의 약화로 연결될 수도 있다는 말이다.

친절이라는 우리 자신의 작은 노력이 큰 성과를 만들어 내는지는 확실하지 않지만 그 작은 노력이 없다면 큰 사회적 손실이 될 것이라는 것은 확실하다. 국가기관의 친절의식이 그만큼 중요한 이유도 이것 때문이다.

나는 우리 조직에서 실패를 가져오는 불친절한 한 가지 요소는 아닌지 생각해 볼 일이다.

불평하는 고객에게서 배워라

좋은 약은 입에 쓰나 병에 이롭고, 충언은 귀에 거슬리나 행동에 이롭다(良藥苦於口而利於病, 忠言逆於耳而利於行).

ㅡ 사기(史記)

아이들은 싸우면서 자란다고 한다. 사회적 경험이 부족한 아이들은 서로 싸우면서 힘의 균형을 맞추고, 질서를 배우며, 우열관계도 정립하게 된다. 요즘같이 하나만 낳자는 가족문화 속에서는 이런 사회적 질서를 연습할 수 있는 형제가 없다는 점에서 부모들의 걱정거리가 하나 더 늘어난 셈이다.

게다가 하나뿐인 자식이기에 부모들의 과보호와 집착에 가까운 정성을 한 몸에 받고 자라기 때문에 유치원이나 학교 같은 사회적 공간에서 아이들이 겪을 수난이 눈에 선하다.

하지만 아이들은 건강하게 잘 자란다. 친구들과 게임을 하기도 하고 생일파티를 하고 때로는 싸우기도 하고 자존심에 상처 입기도 하면서 새로운 질서들을 배우고 만들어 나가고 있다.

우리의 어린 시절을 되돌아보면 아이러니하게도 주먹다짐이나 말다툼을 해서 크게 한바탕 싸웠던 친구들이 기억에 많이 남는다. 오히려 크게 한바탕 싸우고 나면 어느새 가깝게 다가와 생사고락을 같이하게 되는 경우가 많이 있다. 적절한 표현이 될지는 모르겠지만 창조적 갈등의 긍정적 해결이라고 할까?

고객과의 관계도 이와 다를 바가 없다. 불만을 토로하는 고객이 바로 그러한 경우다. 인간은 누구나 갈등을 싫어하고 자존심에 상처입기를 원치 않는다. 그러다 보니 얼토당토않은 이야기로 항의하는 고객들을 보면 먼저 피하고 싶어진다. 하지만 조심하자. 우리가 이러한 고객들을 피하는 모습을 자주 보이게 되면 직장에서 가장 절친한 동료들조차도 너무도 쉽게 자신을 이기적인 사람으로 낙인찍어 버리니까.

이제 생각을 바꾸어서 불만을 토로하는 고객의 목소리를 귀중한 자산으로 생각하도록 해 보자. 불만을 올바르게 수용하고 잘 대처했을 때 우리는 변화하고 발전할 수 있다. 좋은 말은 귀에 거슬리는 법이라고 하지 않았는가.

다른 사람의 핀잔과 불만을 우리가 어떻게 대응하느냐에 따라 우리의 인생은 달라지게 된다. 나는 불완전하기에 나에 대한 불만들이 들려오게 마련이지만 이 불만의 소리들을 내가 어떻게 발전할 수 있는 계기로 만들어 내느냐 하는 것은 우리 자신의 몫이다.

아내는 집에서 TV를 보고 있는 나에게 집에서 하는 일없이 빈둥거리지 말고 뭔가 발전적인 일들을 하라고 충고를 하곤 한다. 이런 충고를 들으면 대부분의 사람들은 기분 나쁘다는 말투로 '내가 왜 하는 일이 없어. 이것도 하지 저것도 하지'하며 변명들을 늘어놓게 된다. 하지만 생각 있는 남편이라면 '내 생활태도에 문제가 있구나'라고 느끼며 자신을 다시 점검해 보려 할 것이다.

이렇게 타인의 말을 자기발전의 기회로 받아들이려는 긍정적인 패러다임을 가진 사람의 인생은 변화하고 발전할 수밖에 없다. 하지만 그렇지 못한 사람은 아내와 말다툼을 하거나 아내에 대한 역비난을 통해서 가족 간의 불신만을 쌓아가게 될 것이다.

요즘 기업들은 스스로의 문제점을 점검하기 위해 돈을 들여가며 컨설팅을 받을 만큼 기업환경 개선을 위한 노력을 아끼지 않고 있다. 이런 상황에서 우리의 문제를 돈도 받지 않고 알려주는 고객들과 가족들이 있으니 어찌 고맙지 않겠는가!

불만 있는 고객들의 불만을 해결함으로 인해 고객과 더욱 친해질 수 있고 또한 우리의 구조적인 문제들을 발견하고 치유할 수 있으니 일석이조라고 할 것이다.

미국의 소비자관련회사인 TARP(Technical Assistant Research Program)의 연구에 따르면 제품이나 서비스에 만족한 고객들보다 불만족스러웠던 고객이 적절한 대응을 통해 만족하게 되었을 때 보다 더 충성스런 고객이 된다고 한다. 그것도 얼마나 빨리 대응하여 문제를 해결하느냐에 따라 충성도가 다르게 나타났다고 한다.

따라서 고객만족을 추구하는 기업이라면 불만고객을 소중하게 여기고 이를 신속히 해결할 수 있는 직원들의 마인드와 자체적인 시스템을 완비해야만 한다. 불만고객의 응대가 자신에게 손해를 준다는 직원들의 생각을 뒤집어엎을 수 있을 만큼의 *꾸준한* 교육과 제도적 뒷받침도 함께 말이다.

일단 사과부터 하고 경청하라: 불만고객응대법(1)

> 모든 일은 익숙해 지기 전에는 어렵다
>
> — 괴테

아침 일찍 출근하자마자 심한 항의를 하는 고객을 만나게 된다면 반가워할 사람은 없을 것이다. 오히려 '아침부터 와서 난리야'하며 불쾌해 하기 마련이다. 이런 경험이 쌓이다 보면 아침뿐만 아니라 근무시간 내도록 항의하는 고객이 없기를 기도하고 가슴 졸이는 마음으로 지내기도 한다.

> 예전에는 장날이면 술 한 잔 드시고 동사무소에 들러 집에 갈 차비가 없다며 떼를 써서 5천 원씩 받아 가는 아저씨들도 많았어요. 요즘에 비하면 그 정도는 애교지요.

어느 동사무소 직원의 말이다. 예전에는 술 한 잔 먹고 항의 반 시비 반으로 찾아오던 시골아저씨들이 골치 아파서 차비까지 줘서 돌려보냈는데 지금은 민원인들의 항의강도가 심해져서 옛날의 인간미 넘치는 민원이 그립다는 것이다.

민권이 강해져 예전보다 항의의 강도도 높아지고 방법도 다양해 지다 보니 직원들이 민원창구에 배치 받는 것을 싫어하는 것도 이해가 간다. 이런 측면에서 민원인들을 직접 상대하는 창구직원들이 올바르게 대접받고 평가받아야 할 것 같다.

행정기관을 찾아오는 고객들은 항상 그렇지는 않지만 어느 정도의 패턴을 가지고 있다. 요즘은 고객을 성격별로 구분하는 등의 다양한 방법으로 고객유형별 응대방법을 교육하고 있지만 고객의 유형과는 크게 상관없이 불만을 가진 고객은 일정한 과정을 거친다는 것을 발견할 수 있다.

불만고객은 분노 - 타협 - 부정 - 수용의 4단계 과정을 거치게 된다. 각 단계의 흐름과 그에 따른 우리의 태도와 자세를 구체적으로 살펴보도록 하자.

1단계: 분노

불만을 가진 고객은 사무실을 찾아오거나 전화로 항의하는 경우 일의 경위를 떠나서 우선 분노부터 표현한다.

"당신네들 이러면 안 되는 거야", "거기서 제일 높은 사람 바꿔!", "책상에 앉아서 하는 일이 도대체 뭐야" 등이 주로 하는 말이다.

각종 인허가 과정에서 인허가를 받지 못했거나 자신의 의도대로 일이 진행되지 않았을 경우 이런 분노를 표출하게 된다. 항의의 첫 단계로 불만고객들은 자신이 화가 나 있다는 사실을 알리고 선전포고를 하는 것이다. 가끔은 선전포고를 육

두문자로 하는 경우도 있다.

이런 분노의 단계에서 취할 수 있는 태도는 어떤 것이 있을까? 답은 명확하게 정해져 있다. 즉시 사과하는 것이다. 화를 내는 이유도 알지 못하면서 무슨 사과를 하느냐고 반문할지도 모르지만 고객의 불만을 듣는 즉시 사과해야 한다. 그렇지 않으면 그의 분노는 강도가 더해져서 감당하기 힘들어질지도 모른다.

우리는 자신의 잘못을 스스로 인정하는 사람에게는 관대해지는 경향이 있다. 또, 즉시 사과한다는 것은 '우리의 잘못을 인정할 테니 그 이유를 제게 알려 주시겠습니까?'라는 의미가 포함되어 있다.

"예, 죄송합니다. 무슨 일이신지는 알 수 없지만 우리직원이나 업무처리상의 실수가 있었다면 제가 직원을 대신해서 사과드리겠습니다."

자신이 스스로 잘못을 인정하고 무엇을 고쳤으면 좋겠는지를 알려 달라고 하는데 어느 누가 그에게 또다시 돌을 던지겠는가? 상대방은 아마도 이렇게 대답할 것이다.

"내가 지금 전화 받는 사람보고 화를 내는 건 아니지만 거기 하는 일이 너무해서 이러는 겁니다."

이렇게 즉시 사과한 이후에 우리가 할 일은 고객의 항의를 경청하고 그의 입장에서 진심으로 공감하는 일이다. 여기서 중요한 것은 우리 스스로는 '말을 최대한 아껴야 하며 진심으로 공감해야 한다'는 점이다. 그러기 위해서는 내가 고객이라는 역지사지(易地思之)의 관점에 서야만 한다.

사람의 진실한 감정은 표정 뿐 아니라 말과 느낌으로도 충분히 전달될 수 있음은 우리 스스로도 잘 알고 있다. 고객의 입장에서 그의 말을 들어주고 이해해 주려는 상담초반의 노력은 우리에게 고객과 같은 입장에 서서 문제를 바라볼 수 있도록 하는 힘을 줄 것이다.

칼자루를 쥐고 싸우느냐 칼날을 쥐고 싸우느냐가 여기서 결정된다. 고객의 입장에서 고객과 함께 문제를 바라보는 것이야말로 칼자루를 쥐고 전투에 임할 수 있는 최선의 자세이며 여기서 사과, 경청, 공감은 필수적인 무기들이다. 자신의 입장이나 회사의 규정에 얽매여서 이미 결론을 내려놓고 고객을 대하는 것으로는 결코 고객을 만족시킬 수 없다.

2단계: 타협

분노의 다음 단계는 타협의 단계이다. 분노로 자신의 감정을 표현한 후에는 "왜 나에게는 허가가 나지 않았는지", "왜 보험료가 5만 원이나 인상되었는지"와 같은 현실적인 문제로 들어서게 된다.

주로 '나는 특별한 예외에 해당되니 나에게만큼은 허가를 내 달라', '나는 대학교 다니는 아들이 둘이나 있어서 다른 사람들과 같은 보험료를 낼 수 없으니 예전과 같은 금액의 보험료를 내게 해 달라'는 항의와 하소연이 섞인 이야기들이 나오게 되는 과정이다.

여기서 딱 잘라서 안 된다고 하거나 성급하게 결론을 내려서는 곤란하다. 다시 한번 고객의 입장과 규정들의 합리성들을 점검해 보아야 하며 고객에게 불리한 결론이 내려진다 하더라도 섣불리 고객을 설득하려고 해서는 안 된다. 고객은 그 좌절감으로 다시 분노를 터뜨리게 될 것이기 때문이다.

고객을 설득하기 전에 고객이 객관적인 시각을 가질 수 있는 충분한 시간과 시각을 넓혀 줄 수 있는 상황에 적절한 질문들이 필요하다. 우리는 질문을 통해서 고객의 상황을 다시 한번 살펴볼 수 있고 우리가 생각하는 바를 은연중에 고객의 마음속에 스며들게 할 수도 있다. 이 순간 고객과 우리 모두에게 필요한 것은 인내심인 것이다.

"고객님 말씀이 분명 옳습니다. 하지만 일을 하는 저희 입장도 한번쯤 생각을 해 주십시오. 어제 찾아오신 어떤 분도 고객님과 비슷한 말씀을 하셨습니다만 각자의 사정이 다 다르다 보니 모든 분들의 사정을 고려하고 일을 하기가 힘이 듭니다. 선생님께서 넓으신 아량으로 이해해 주셨으면 합니다."

이렇게 시간과 노력을 기울여 양해를 구한 후 우리는 이제 두 갈래의 길 앞에 서게 된다.

고객은 무조건 옳다: 불만고객응대법(2)

잘 되는 일에는 감동이 없다.

3단계: 부정

타협을 거쳐 문제가 원만하게 해결된다면 그만큼 좋은 일은 없겠지만 불만고객은 불만을 낳은 문제가 자신의 의도대로 해결되지 않으면 만족하지 못하는 경우가 많다. 행정기관에서의 목표라는 것이 다양한 사회계층의 이해를 고려해야 하는 것이어서 자기 입장을 먼저 생각하기 쉬운 고객들을 설득하는 데 더욱 힘이 든다.

이렇게 타협의 과정에서 만족하지 못한 고객들은 다른 길이 없음을 인식하고는 전체적인 부정의 단계로 들어가게 된다.

"이러니까 공무원들이 욕을 들어먹는 거야. 나라가 확 뒤집어지던지 내가 이민을 가든지 해야지……"

"책상 앞에 앉아서 시간만 죽이지 말고, 나가서 국민들 사는 것들 좀 보면서 일을 해. 하여튼 정치하는 놈들은 전부 썩었어."

"세상에 이런 법이 어디 있어. 내가 안 내고 안 받겠다는데 왜 강제로 보험료를 올리고 난리야. 다 필요 없어. 니들 맘대로 해!"

이렇게 정치와 제도와 시스템을 불필요한 것으로 부정하고 문제를 전체적인 것으로 확대하려고 하게 된다. 여기에서 조직목적의 정당성을 내세워 저항하려고 해서는 안 된다. 지금 고객은 제도를 부정하고 자신의 문제를 확대하여 사회적 문제로 결론 내림으로써 이 순간만큼은 사회의 잘못된 관행과 제도를 혁파하려는 혁명가로서의 지위를 맛보고 있기 때문이다.

이때 고객의 견해가 틀렸다고 말한다면 그는 우리를 부정하고 잘못된 제도의 대표자로 인식하여 다시 공격해 올 것이 분명하다. 이 순간에도 여전히 우리가 잊지 말아야 할 것은 고객은 옳다는 것이다. 우리가 생각하는 각종 규정과 제도가 정당성을 가지고 있는 이상으로 고객이 처한 상황과 입장에서 고객은 정당성을 가지고 있다는 것을 명심하자.

고객은 우리의 이야기를 듣고 싶어 하는 것이 아니라 자신의 불만과 불신을 하소연하고 정당성을 알리고 싶어 한다. 즉, 고객에게는 자신의 말을 들어줄 사람이 필요한 것이다. 고객의 말을 들어주는 방법으로는 질문하는 방법이 제일이다.

질문하기는 고객 상담에서 가장 중요하고 효과적인 방법이다. 질문을 통해 상대방의 이름과 주소, 일 처리 과정을 알 수 있으며 그것을 고객이 어떻게 느끼는지 심지어는 고객의 가족 중 누가 아픈지, 어느 병원에 입원해 있는지 까지도 알 수 있다.

이렇게 확보된 고객에 대한 많은 정보들은 우리의 머릿속에서 조합되고 새로운 이미지가 되어 고객을 상담하는 말과 태도로 다시 흘러나오게 된다. 어머니가 아픈 고객에게는 '저도 어머니가 아프신 적이 있어서 힘든 상황을 잘 알고 있습니다'는 말로 상대방을 어루만질 수도 있고 미용실을 운영하는 40대 여성에게는 '나도 작은 동네미용실에 단골로 다니고 있으며 한달 수입이 자기용돈 정도에 불과하다는 것을 알고 있다'는 이야기로 공감대를 형성할 수도 있을 것이다.

묻고 답하다 보면 자연스럽게 상대방에 대해서 알게 되고 그것은 또 다른 연계 고리를 가지게 된다. 질문을 통해서 얻어진 정보와 우리가 가진 좋은 사례들을 살려서 나쁜 이미지를 건강하게 만들도록 해 보자.

이 부정단계에서 고객은 다시 화를 내는 것 같이 보인다. 하지만 이때의 화는 타협방법이 없다는 사실에 대한 '절망'에 가깝다. 절망한 사람에게 필요한 것이 무엇인지 깊이 생각해 본다면 겉으로 드러나는 말이나 태도를 넘어 고객의 마음을 진정으로 이해할 수 있을 것이다.

4단계: 수용

전체적인 부정으로까지 확대되었던 고객의 불만이 우리가 투자한 많은 시간과 성실한 태도를 통해 수용의 단계로 접어들게 된다.

"앞으로 지켜볼 테니까. 잘 하시오."

"모르겠소. 마음대로 하시오. 나는 앞으로 당신들이 하는 일에는 신경 *끄고* 살 테니까."

해결이 잘되어 불만이 해결되고 고객이 긍정적으로 수용하는 경우도 있지만 대부분은 그렇지 못하다. 불만이 완전히 해소되지 않았기에 고객은 소극적인 수용을 하게 된다. 소극적인 수용이란 다른 방법이 없으므로 어쩔 수 없이 수용한다는 의미이다.

이러한 소극적인 수용이 많은 점이 공공기관과 사기업의 차이라고 할 수 있다. 고객의 사기업에 대한 불만은 회사의 규정에 맞고 이익이 된다면 충분히 수용할 수 있지만 공기업에 있어서는 다른 사람과 형평성에 어긋나지 않는지, 전체의 이익에 부합되는지, 법에 저촉되지는 않는지 등의 다양한 요소들을 고려해서 판단하여야 하므로 쉽게 문제가 수용되어질 수 없는 경우가 많은 것이다. 다양한 사회적 요구가 분출되는 현대에는 더욱 그렇다.

이런 수용에 대한 우리의 반응은 고객의 상처 난 마음을 치유하고 자존심을 높여 주는 것이어야 한다.

"양해해 주셔서 감사합니다. 선생님이 이렇게 선뜻 양해를 해주시니 저도 일하기가 한결 수월하고 힘이 납니다. 건강하시고 다음에 필요하신 일이 있으시면 저한테 말씀을 해 주십시오. 제가 할 수 있는 데까지 열심히 도와 드리도록 하겠습니다."

고객의 양해가(실제로 고객이 양해해 주지 않았다고 해도) 자신이 일하는데 도움이 되었다면서 자신의 이름을 밝히고 다음번에는 열심히 도와주겠다고 하니 고객은 잃어버린 자존심을 회복했을 뿐 아니라 공공기관에 아는 사람을 하나 만든 결과가 되었으니 크게 손해 본 것은 없는 셈이다.

이렇게 공공기관의 고객만족은 심리적인 부분에 의존하는

성격이 강하다. 직원들의 마음에 여유가 있어야 하는 이유가
이 때문이다.

이런 고객의 심리적 흐름은 고객에 따라 몇 분 만에 정리가
되기도 하고 때로는 며칠이 걸리기도 한다. 이런 과정을 괴롭
고 힘들다고 느낀다면 멀고 고통스런 길이고 그 속에서 작은
보람을 찾아내고 즐긴다면 가치 있는 길이 될 것이다. 자신을
내세우지 않고 상대방의 상황과 마음을 읽을 수 있도록 여유
를 갖고 노력하는 자세가 몸에 밴다면 힘들지만 보람과 즐거
움까지 찾아낼 수 있지 않을까 한다.

불만고객응대를 위한 5가지 기본원칙

우주가 존재하는 한, 그리고 모든 생명체가 살아있는 한,
나는 맞서 싸우리라. 온 세상에서 고통을 몰아내기 위해.
– 달라이 라마(Dalai Lama)

불만고객에 대한 상담과정을 살펴보았지만 이러한 상담과
정은 모든 고객들에게서 똑같이 발견되는 것은 아니다. 대체
로 불만을 가진 고객들의 경우 이러한 과정을 밟고 있다는 것
을 말한 것이다. 이번에는 상담과정 속에서 우리가 일관되게
유지하고 지켜나가야 할 기본적인 원칙들에 대해서 살펴보자.

1. 피뢰침의 원칙

고객이 화를 내면 고객응대를 하던 직원이 같이 화를 내고 싸우는 경우가 가끔 발견된다. 얼마나 화가 났으면 맞대응을 할까 하는 생각도 들지만 웬만하면 한번만 더 참았으면 좋지 않았을까 하는 아쉬운 생각이 들 때가 많다. 서로 흥분한 모습이 보기 싫기 때문이 아니라 그로 인해 두 사람의 소중한 하루가 얼룩지는 것이 안타깝기 때문이다.

고객의 불합리한 분노로 인해 내 감정을 조절할 수 없다고 느껴질 때 필요한 생각이 바로 피뢰침의 원칙이다. 나를 조직의 피뢰침으로 생각하는 것이다.

고객은 나에게 개인적인 감정이 있어서 화를 내는 것이 아니라 일 처리에 대한 불만으로 복잡한 규정과 제도에 대해 항의하는 것이다. 이것을 명확히 알아야 한다.

고객이 화를 내고 거친 언어를 사용한다고 해서 그것이 나를 향한 것이라고 생각해 버린다면 누구든지 감정적인 동요를 일으킬 수밖에 없다. 내가 아닌 회사나 제도에 항의하는 것이라는 생각을 가져야 고객의 심한 분노의 표현으로부터 자유로울 수 있다.

건물이나 자동차에 딸린 피뢰침은 번개를 직접 맞지만 자신은 상처를 입지 않을 뿐 아니라 건물이나 자동차까지도 아무런 상처가 없도록 번개를 땅으로 흘려보낸다. 불만고객의 상담자도 피뢰침과 같이 직접 불만 섞인 다양한 고객들을 맞이하여 몸으로 흡수하고 회사나 제도에 반영한 후 다시 땅속으로 흘려보내야 한다. 이런 피뢰침과 같은 역할을 성실히 수행함으로써 회사와 조직은 상처를 입지 않고 내용을 충만히 할 수 있다. 물론 자신도 상처 없이 건강한 하루를 보낼 수 있다.

2. 책임공감의 원칙

고객의 비난과 불만이 나를 향한 것이 아니라고 하여 고객의 불만족에 대해서 책임이 전혀 없다는 말은 아니다. 우리는 조직구성원의 일원으로서 내가 한 행동의 결과이든 다른 사람의 일 처리 결과이든 고객의 불만족에 대한 책임을 같이 져야만 한다.

간혹 공공기관에 전화를 해 보면 자신의 일이 아니라고 하여 담당자를 바꾸겠다며 몇 번씩 전화를 돌리고서는 한참 후에야 지금 자리에 없다면서 나중에 다시 전화하라고 하는 경우가 있다. 업무대행자도 없느냐고 물어보면 그때서야 자기라고 이야기한다. 이 정도면 오히려 양호한 경우다. 아예 담당자가 자리에 없고 업무대행도 자리에 없어 바쁘니 다음에 전화하라고 오히려 쏘아붙이는 경우도 있다.

얼마 전 대출 문제로 은행에 들른 적이 있었다. 하필이면 점심시간에 찾아가서인지 40분을 기다려도 담당자가 자리에 나타나지 않았고 옆 직원에게 물어 보았더니 담당자가 점심 먹으러 갔으니 잠시만 기다리라는 말만했다. 화가 나서 여기는 업무대행자도 없냐고 화를 냈더니 죄송하다며 점심을 먹고 쉬고 있는 담당자에게 전화를 걸어서 불러왔다. 전화를 받은

담당자가 재빨리 와서 미안하다며 사과를 하기에 마음이 좀 누그러졌다. 행정기관이었다면 점심시간에는 업무를 하지 않으니 기다리라고 해 놓고 끝까지 버티지나 않았을지 걱정스러웠다.

의사소통이 활발하고 유기적인 협조가 이루어지는 조직은 담당자가 없어도 옆자리의 동료들이 자신의 일보다 더 친절하고 깔끔하게 일 처리를 해 준다. 혹시 부족한 것이 있으면 다시 전화를 드리겠다는 인사와 함께 말이다.

고객에게는 누가 담당자인지가 중요한 것이 아니라 자신의 문제를 해결해 줄 것인지 아닌지가 중요하다. 고객의 불만이 나를 대상으로 하는 것이 아니라고 해서 책임이 없다고 한다면 나는 무엇 때문에 이 자리에 앉아 있는가를 한번 잘 생각해 보아야만 할 것이다.

3. 감정통제의 원칙

사람은 감정의 동물이라고 한다. 전화통화가 길어지거나 거친 고객들을 만나다 보면 자신도 모르게 자신의 감정을 드러내는 경우가 발생하게 된다.

인간은 너무나도 여린 동물이어서 남에게 부담을 주는 말을 하거나 상대방이 자신의 잘못을 지적하기라도 하면 가슴이 두근거리고 얼굴이 붉게 물들고 만다. 사람마다 차이는 있지만 인간관계에서 오는 부담감으로부터 자유로울 수 있는 사람은 없다. 이러한 부담 때문에 민원실 근무를 꺼리는 경우도 많이 있다.

하지만 우리는 사람을 상대하는 것을 직업으로 가지고 있다. 직업이라는 것은 생계의 수단이자 자기 자신을 실현할 수 있는 방법이라는 의미이다. 사람을 만나고 의사소통하고 결정하고 행동하는 것이 직업이라면 사람과의 만남에서 오는 부담감을 극복하고 자신의 감정까지도 통제할 수 있어야 한다. 프로와 아마추어의 차이는 그것을 통제할 수 있느냐 없느냐의 차이일 것이다. 자신을 잃지 않고 끝까지 감정을 지켜나가는 사람은 최후의 승리자가 될 것이며 그렇지 않고 잠시나마 감정의 끈을 풀어놓은 사람은 어느 순간 타인에게 끌려가게 된다.

'맞은 놈은 발 뻗고 자고 때린 놈은 오그리고 잔다'고 했지 않은가. 순간의 감정조절 실패로 인해 돌이킬 수 없는 큰 오류를 범하지 않도록 해야겠다.

4. 언어절제의 원칙

고객상담에 있어서 말을 많이 하는 것은 금기다. 고객보다 말을 많이 하는 경우 고객의 입장보다는 자신의 입장을 먼저 생각하게 되기 때문이다.

말을 많이 한다고 해서 나의 마음이 고객에게 올바로 전달되는 것은 아니다. 오히려 그 반대로 고객의 말을 많이 들어주는 것이 고객의 문제를 빨리 해결할 수 있다. 세계적으로 유명한 정신과 의사들의 공통된 말은 "나는 환자들이 하는 말들을 진심으로 이해하려고 애쓰며 들어준 것 밖에는 없다"라는 것이었다.

　상대방에게 말을 많이 하고 나 자신을 표현할 때 스트레스가 풀리는지, 아니면 상대방의 이야기를 계속 듣고만 있을 때 스트레스가 풀리는지를 생각해 보자. 당연히 상대방에게 자신을 표현할 때 스트레스가 풀리게 된다. 이것은 배설의 원리 중 하나로, 자신의 묵은 감정의 응어리들을 터뜨려 배설하는 것이야말로 자신의 건강한 감정을 되살리는 길이 된다. 다른 사람의 말을 많이 들어주는 사람들이 인간관계가 좋은 이유가 이것 때문이다.

　고객응대를 잘하고 싶지 않은 사람은 없다. 그런데도 고객응대에 실패하는 사람은 계속해서 나타나는데 그 이유의 대부분은 말을 절제하지 못하기 때문이다.

　우리는 지식과 경험을 바탕으로 상황을 미리 짐작해서 말하곤 한다. 우리는 이것을 경험에서 오는 자신의 노하우와 능력이라고 생각하지만 고객의 입장에서는 자신의 마음을 풀어 놓을 수 있는 기회를 놓쳐 버리게 되어 오히려 불만만 축적시키는 결과가 된다. 이런 경우는 오랫동안 근무한 베테랑직원들에게서 자주 발견할 수 있다. 지식과 경험이 오히려 고객만족에 방해가 되는 경우이다.

　벤자민 프랭클린(Benjamin Franklin)은 이렇게 말했다

　"만일 당신이 사람들에게 따지고 상처를 주고 반박을 한다면 때때로 승리할 수도 있을 것이다. 하지만 그것은 공허한 승리에 불과하다. 왜냐하면 당신은 결코 상대방으로부터 호의를

얻어내지 못할 것이기 때문이다."

5. 역지사지의 원칙

우리가 역지사지의 원칙을 견지해야 하는 이유는 두 가지 때문이다.

첫 번째는 고객상담의 과정에서 누차 밝혔듯이 누구도 그 사람의 입장이 되어 보지 않고서는 그의 마음을 알 수 없기 때문이다. 고객을 이해하기 위해서는 반드시 그의 입장에서 문제를 바라봐야 한다. 고객은 우리의 규정을 보지도 못했고, 그 규정의 합리적 존재이유에 대해서 알지도 못하거니와 업무가 처리되는 절차에는 더더욱 관심이 없다.

그런데 우리는 고객이 마치 우리의 업무프로세서나 규정들을 모두 알고 있다는 듯이 상담하는 오류를 범하고 있다. 이런 착각은 의외로 큰 영향을 미치는데 직원들이 전문용어를 많이 사용하거나, '안 됩니다'라고 딱 잘라 말하는 경우 등이 모두 여기에서 기인한다.

두 번째 이유는 우리가 우리에게 관심을 가져 주는 사람에게 관심을 갖듯이 고객 또한 자신에게 관심을 가져 주는 사람에게 호감을 갖기 때문이다. 고객에게 관심을 보여야만 우리의 말과 설명이 고객에게 제대로 전달되어 마음으로 이해해 줄 수 있다. 그렇지 않으면 아무리 합리적인 이유를 말하고 훌륭한 미사여구를 사용한다 할지라도 고객은 결코 자신의 의견을 굽히지 않을 것이다.

콜 센터에서 자주 있는 일 중의 하나는 고객이 주장하는 내용이 상담원이 설명한 내용과 달라서 시비가 생기는 것이다. 상담원은 분명히 호적등본과 신분증을 들고 지사를 방문하라고 안내를 했는데 주민등록등본과 신분증을 가지고 지사에 가서는 상담원이 이렇게 안내했다고 주장하는 것이다. 이때 일선 담당자들은 콜 센터에 전화를 걸어 녹음된 내용을 확인해 달라고 요청하게 된다. 이럴 경우 90%이상은 고객이 상담원의 설명을 귀담아 듣지 않았거나 착오를 통해 잘못 이해한 것이다. 하지만 고객은 스스로가 정당하다고 믿는 습성이 있어 자신의 실수를 인정하지 않으려 한다.

그런데 문제는 통화내용을 확인한 직원들의 태도이다. 대부분의 직원들이 부족한 서류는 고객에게 우편으로 보내 달라고 부탁을 하거나 힘들어도 보완서류를 자신이 직접 챙기는 아름다운 모습을 보이기는 하지만 몇몇 직원들은 "통화내용을 확인해 보니까 고객님이 말씀하신 내용이 틀리네요. 상담원은 안내를 제대로 했는데 고객님이 잘못 알아 들으셨어요"라고 핀잔을 주고 추가 서류를 고객이 다시 제출하도록 요구한다. 자신이 옳다고 우기는 정도가 심한 고객에게는 더욱 강하게 고객의 잘못이었다는 사실을 주지시키려고 한다.

하지만 설사 고객에게 잘못이 있다 하더라도 직원의 역할은 고객들에게 책임을 묻는 것이 아니라는 점을 알아야 한다. 게다가 고객이 정확하게 이해하고 있는지를 다시 한번 물어보고 확인시켜 주는 작업을 하지 않았을 경우 그에 대한 우리의 책임도 있을 것이며 궁극적으로는 고객이 문제를 잘 해결하도록 돕는 것이 우리의 맡은 바 직무임을 기억해야만 한다.

결국 불만고객응대의 5가지 원칙의 핵심은 나는 사람을 만나고 있다는 사실을 시종일관 잊지 말자는 것이다.

자각증상이 없는 중증만성자존심증후군

> 사랑하면 알게 되고, 알면 보이나니, 그때 보이는 것은
> 전과 같지 않으리라.
>
> — 조선시대 문인 유한전

돌아가신 아버지는 당뇨로 고생하셨다. 일찍 돌아가시는 바람에 오랜 고생은 하지 않으셨지만 당신께서 당뇨가 있음을 아신 후부터는 건강에 상당히 신경을 쓰셨던 것으로 기억한다. 지금 생각으로는 오래 전부터 당뇨를 앓아 오셨을 텐데 당뇨라는 사실을 안 것은 돌아가시기 불과 몇 년 전이어서 그동안 몸은 축이 날 데로 나시고 말았던 것 같다.

당뇨뿐만이 아니라 동맥경화, 간암 같은 각종 성인병들의 특징이 '자각증상이 없는 것이다'라고 하는 이야기를 들은 적이 있다. 자각증상이란 스스로 몸이 안 좋아지는 것을 느낄 수 있을 만큼의 징후를 말하는데 자각증상이 없다면 우리는 우리 몸이 아픈데도 불구하고 끝까지 정상이라고 믿으려 할 것이

분명하다.

그런데 이런 자각증상 없는 병이 하나 더 있다. 중증급성호흡기증후군(SARS, Severe Acute Respiratory Syndrome)과 대비되는 중증만성자존심증후군(SCSS, Severe Chronic Self-respect Syndrome)이다. 이 중증만성자존심증후군은 한국인의 대부분이 걸려 있는 병이며 배려심과 희생정신으로 무장되어 있다는 종교인들이나 자원봉사자들에게서조차 발견될 만큼 널리 퍼져 있다.

이 병의 징후들은 다른 사람에 대한 배려의 마음이 없다는 것, 논쟁을 할 때 어떻게 해서든 승리하려 한다는 점, 자신은 아주 친절하다고 생각한다는 점, 그리고 자신이 이 병에 걸려 있다는 것을 전혀 알지 못한다는 점 등이다.

이 병에 걸린 사람들이 충돌하게 되면 심한 갈등이 생긴다. 자신의 의견에 자아가 들어 있어 자신의 의견에 대한 무시는 곧 자신을 무시하는 것이라 생각하고 상대방을 무차별 공격한다. 내 의견의 옳고 그름이 중요한 것이 아니라 다른 사람들로부터 융단폭격을 받고 있는 내 자존심이 중요한 것이다. 이런 증상은 나이가 들수록 심해지고, 회사에서는 직급이 높을수록 심해지고, 엘리트의식이 강한 명문대졸업생과 전문직종사자들에게서 심하게 나타난다.

결국 이 병에 걸리게 되면 '너의 의견은 이런 면에서 다시 한번 생각해 봐야 해'라는 말이 '너는 틀렸어'라는 말로 들리게 되고 '두고 보자'는 복수의 일념만이 남아 우리의 사회적 생명을 단축시키게 된다.

데일 카네기(Dale Carnegie)는 '당신의 말이 옳다는 것을 증명할 때는 다른 사람이 눈치 못 채게 하라'고 충고하고 있다. 자신의 의견이 아무리 옳다고 해도 상대방의 의견이 틀렸다는 것을 입증해서 억지로 얻은 승리로는 상대방의 올바른 수용을 얻어낼 수 없기 때문이다. 하지만 우리는 너무도 쉽게 상대방의 의견의 허점을 찾아 공략하는 방법으로 자신의 주장을 정당화하려고 한다. 상대방이 논리적으로 이해하건 감성적으로 양해를 하건 관계없이 말이다.

그렇다고 해서 무조건 맞장구만 치게 되면 올바른 대화가 이루어지지 않는다. 의미 없는 수용만 있을 뿐이다. 자신의 의견과 상대방의 의견이 합의를 이룰 수 있도록 현명한 대화의 기술이 필요하다.

어느 자동차회사의 직원은 아침에 회사로 출근할 때 신발장에서 신발을 꺼내 신고는 그 자리에 뭔가 적힌 종이를 넣어두고 출근한다고 한다. 그가 신발장에 넣었던 종이쪽지에 적혀있는 것은 바로 '자존심'이라는 세 글자였다.

진정한 프로 서비스맨이라면 오늘 내가 고객에게 제공한 훌륭한 서비스를 통해서 자존심을 찾아야 한다. 프로는 일로 승부하는 사람이기 때문이다.

지금 즉시 마음의 병원에 가 보자. 중증만성자존심증후군이 이미 내 심장을 장악하고 있는지도 모를 일이니까.

고객중심의 사고로 전환하라

> 고객의 기대는 진화한다.
>
> ‒ 칼 알브레히트(Karl Albrecht)

어느 날 상담원 한 명이 재밌고 황당한 이야기를 해 주겠다며 말을 꺼냈다. 어떤 화가 난 고객에게서 걸려온 전화에 대한 것이었다.

지방에 사는 어떤 고객이 자신의 지역에 속하는 지사를 찾아갔는데 지사의 직원이 매우 불친절하게 대하고 '안 된다'는 말만 계속해서 너무 화가 났다고 한다. 그래서 그 고객은 콜 센터로 전화를 해서 자신에게 불친절하게 대한 직원을 고발하고 그의 처벌을 바란다면서 신고접수를 해 달라고 했다.

각 지방마다 콜 센터가 있지만 상담원들은 모두 표준어를 사용하도록 교육되어져 있고 강한 서비스정신으로 똘똘 뭉쳐진 터여서 화가 난 그 고객은 콜 센터 상담원들의 태도와 말투에서 지사를 감독하는 본부라는 느낌을 받았던 것이다.

고객의 말을 듣던 상담원은 고객의 기대에 못 미치는 대답을 할까 봐 한참을 들어주다가 결국 이곳은 본부가 아니라 기본적인 전화상담업무를 하는 콜 센터라고 이야기를 했다고 한다. 그제서야 자신의 기대에 어긋남을 깨달은 고객은 화를 내며 말했다.

"아니 서울도 아니면서 왜 서울말 쓰는 거야!"

고객의 기대에 맞지 않으면 고객은 다른 홈집을 찾으려고 한다. 그래서 고객의 기대와 눈높이에 맞는 서비스가 중요한 것이다. 예전에 우수한 서비스를 제공했던 기관들이 어느 순간 불친절한 곳으로 전락하는 경우도 있다. 고객의 기대가 진화한다는 사실을 인식하지 못하고, 고객중심으로 사고하며 끊임없이 자신을 변화시키지 못했기 때문이다.

불과 몇 년 전까지만 해도 팩스로 소득공제용 납입증명서를 받을 수 있는 서비스는 아주 훌륭한 서비스였다. 그 정도의 시스템을 갖춘 곳이 별로 없었던 것이다. 하지만 지금은 납입증명서를 팩스로 받을 수 있는 서비스는 웬만한 보험회사에서는 다 실시하고 있다. 이제는 한 발 더 나아가 홈페이지에서 납입증명서는 물론 필요한 자료를 다운받을 수 있어야 한다.

사이버시대가 진행됨에 따라 서비스방식도 변해 가고 있는 것이다. 그런데 아직도 옛날 팩스서비스만으로 우리 회사는 우수한 서비스 시스템을 갖춘 기업이라는 자만으로 가득 차 있다면 그 회사의 앞날은 불 보듯 뻔하다. 고객의 기대가 계속해서 진화해 간다는 것을 받아들이지 못하고 있기 때문이다.

공공기관의 개인정보보호에 관한 법률에 따라 고객 본인의 정보라고 하더라도 전화로 알려줄 수 있는 정보는 한정되어 있다. 개인신용정보회사에서 개인의 정보를 빼내기 위해 가끔 콜 센터를 이용해서 본인인 것처럼 가장하곤 하기 때문에 전화로 상담하는 경우 본인여부를 꼼꼼하게 확인하고 있다.

"성함이 어떻게 되십니까?"

"홍길동입니다."

"고객님의 주민등록번호를 알려주시겠습니까?"

"000000-0000000입니다"

"네, 맞으시네요."

"개인정보보호 차원에서 몇 가지 여쭙겠습니다. 지금 사시는 댁의 주소는 어떻게 되십니까?"

"00시 00구 00동 00-0번지입니다."

"댁의 전화번호는 어떻게 되십니까?"

"아이, 내가 본인인데 그런 것까지 일일이 이야기해야 합니까? 뭐가 이렇게 까다로워!"

가끔 이렇게 본인여부를 확인하는 과정이 고객에게 불쾌감을 준다는 이유로 핀잔을 듣는 경우가 있다. 고객은 마치 취조를 당하는 기분인 것이다. 내가 내 정보를 알아보려고 하는데 취조까지 당해가며 알아봐야 한다면 누가 화내지 않겠는가?

그래서 고객이 대답을 해야 하는 이유를 분명하고 유연하게 설명하는 기술이 필요하다. 위 대화에서 상담원은 분명히 '개인정보 보호차원에서'라고 하여 고객의 개인정보가 유출되는 것을 방지하려고 질문한다는 사실을 고객에게 알렸다. 하지만 실제로 전화통화에서는 이 말은 흘러가는 짧은 말로 고객의 귀에 쏙 들어오지 않는다. 그래서 조금 귀찮더라도 상세하게 설명해야 한다.

"고객님의 소중한 정보가 유출되는 것을 방지하기 위해 전화주신 분이 본인이 맞으시는 지의 여부를 확인하고 있습니다. 고객님께서 저를 도와주시는 입장에서 몇 가지 질문에 대답해 주시겠습니까?"

이렇게 명쾌하게 이유를 설명한 후에는 좀 긴 질문을 해도 고객이 크게 불만을 표시하지는 않는다. 대부분의 사람들은 자신이 그래야만 하는 이유를 알게 되면 인내심이 강해진다는 사실을 기억할 필요가 있다.

부드러운 상담의 필수요건은 고객의 관점에서 생각하고 말하는 것이다. 업무실적에 대한 부담과 발생할지도 모르는 강한 컴플레인(complain)에 대한 심리적 위축감이 우리가 고객의 입장에서 생각하고 문제에 접근하도록 하는 것을 방해한다. 그렇다고 일을 성급하게 끝내려고 하거나 단기간에 실적을 올리려고 해서는 안 된다.

문제에 본질적으로 접근하지 못하고 현상에만 급급하다 보면 실적도 나빠질 뿐 아니라 생각지도 못한 컴플레인만 발생하는 악순환을 가져오게 된다. 임시처방적인 상담과 해결책은 또 다른 문제를 발생시킬 뿐 아니라 결국 고객이 당신의 방식을 신뢰하지 않게 된다.

에머슨(Ralph Waldo Emerson)은 "당신의 인격과 성품이 아주 큰 소리로 당신에 관해 설명해 주기 때문에 말로 하는 소개는 잘 들리지 않습니다"고 했다.

고객을 올바르게 대하라는 말이다. 자신의 양심에 기대어 최선을 다하고 고객을 속여 이익을 취하겠다는 생각을 버려야 한다. 고객은 이미 알고 있다.

지금 하는 일이 힘들고 잘 안 풀려서 새로운 돌파구를 찾으려고 한다면 에머슨의 말을 명심할 필요가 있다. 자신이 가진 현재의 패러다임을 바꾸지 않으면 새로운 것은 어디에도 없다. 우리 자신의 코페르니쿠스(Copernicus)적인 인식의 전환은 새로운 일자리를 찾거나 새로운 사람을 만나는 것이 아니라 '나 중심사고'에서 '고객중심사고'로 전환하는 것이다.

나 중심의 사고는 빠른 해결과 실적, 돈이 중심이 되지만 고객중심의 사고는 올바른 해결과 고객의 만족이 중시된다.

변화하는 고객의 기대에 부응하고 자신의 삶을 새로운 단계로 발전시키는 방법은 바로 고객중심사고이며 또한 그것은 진실한 것이어야 한다.

나 이외의 모든 사람이 고객이다

접점관리의 중요성

고객을 배려하지 않는 서비스시스템은 시스템 사용자의
편의를 위해서 고객의 편의와 손쉬운 접근을 뒤로 미룬다.
– 칼 알브레히트

세계에서 노트북을 가장 많이 판매한 회사는 도시바(toshiba)
와 휴렛패커드(HP)이다. 특히 도시바는 1994년부터 7년 연속
으로 노트북 세계판매 1위를 달성했는데 그 탄력으로 최근 국
내시장의 문을 두드리고 있어 국내의 관련 업계가 바짝 긴장
하고 있다고 한다.

얼마 전 이 거대 다국적기업인 도시바의 명성을 단 한 명의 셀러리맨이 무너뜨린 사건이 있었다. 사건의 내용은 이렇다.

사건은 일본에 사는 한 셀러리맨이 도시바의 비디오 플레이어를 구입하면서부터 시작된다. 문제는 이 셀러리맨이 구입한 비디오 플레이어가 불량이었던 것이다. 당연히 고객은 도시바에 전화를 해서 교환해 줄 것을 요구했다. 그런데 도시바의 직원들은 전화를 이리저리 돌리면서 잘못이 없다는 식으로 잡아떼면서 고객을 따돌리려 했다. 심지어 한 직원은 고객에게 "당신 같은 사람은 상습적인 불평꾼이야, 업무방해 하지마"라고 하면서 전화를 막무가내로 끊어 버리고 말았다.

이에 화가 난 고객은 이런 폭언통화내용을 녹음해 놓은 것을 인터넷에 올려 버렸고 사건은 급속도로 파급되어 한 달만에 이 홈페이지의 접속자가 200만 명에 달하는 등 사회적인 이슈로 확산되었다.

문제가 커지자 다급해진 도시바 측에서는 후쿠오카 지방법원에 홈페이지 게시물 삭제에 대한 가처분 신청을 내면서 문제를 법정으로 몰고 가려고 했지만 이 사태에 대한 책임을 도시바에 묻는 사람들이 늘어나고 제품불매운동으로까지 확산될 조짐을 보였다. 이러한 상황에 놀란 도시바가 기업의 이미지훼손을 두려워한 나머지 공식적인 기자회견을 열어 고객에게 '대단히 죄송합니다'라며 정중히 사과하는 것으로 항복선언을 함으로써 사건은 일단락되었다.

한 사람의 고객이 인터넷이라는 매체를 통해 거대기업을 이긴 대표적인 사건이었다.

리츠칼튼 호텔에서는 이와는 상반되는 유명한 서비스 신화가 하나 있다.

어느 날 호텔로 전화가 한 통 걸려왔다.

"저는 어제 그곳에서 묵었던 사람인데요. 그곳에 가방을 두고 왔습니다. 어떻게 하죠? 지금 당장 필요한 물건인데요"라며 고객이 다급하게 자신의 처지를 하소연해 왔던 것이다. 그런데 내용을 자세히 들어보니 이 손님이 전화를 하는 곳은 하와이였고 손님이 묵었던 호텔은 미국 본토에 있었다. 실로 난감한 상황이다.

이때 이 직원이 어떻게 했을까? 그는 옆에 있던 직원에게 "고객에게 전화가 와서 일을 처리하러 가야 되니까 나대신 여기 좀 봐줘"라고 하고선 바로 비행기를 타고 하와이로 날아갔다. 그리곤 가방을 그 손님에게 무사히 전달했다.

본토에서 하와이까지 고객이 실수로 놓고 간 가방을 가져다주기 위해서 비행기를 타고 왔다는 사실에 고객은 매우 감동했고 서비스 '작전'을 무사히 마친 직원은 돌아오자마자 호텔 측으로부터 '정말 수고했다'는 칭찬과 함께 상을 받았다. 호텔 측에서 계산해 보니까 직원이 하와이에 다녀온 비용은 3,000달러였고 이 고객만족의 효과는 약 300만 달러의 수익 증대효과가 있더라는 것이다.

두 사건의 공통점과 차이점은 무엇일까?

공통점은 처음 고객과 접촉했던 접점(接點)직원의 중요성에 있다. 도시바의 직원이 고객을 상담하면서 폭언을 하는 바람에 사건이 일파만파로 번져 고객만족에 실패했다면 리츠칼튼 호텔의 직원은 고객의 실수인데도 불구하고 고객의 편의를 위해 하와이까지 날아가는 수고를 하며 고객을 만족시켰다. 결국 고객과의 접촉에서 처리방법에 따라 두 회사 서비스의 운명이 갈린 것이다.

고객과 직원들의 접촉이 이루어지는 순간을 '접점'이라고 한다. 스칸디나비아 항공사의 얀 칼슨(Jan Carson)은 이를 MOT (Moment Of Truth)라는 개념으로 정립한 바 있다. 고객만족의 의지를 가진 직원이 접점을 잘 관리할 때 고객들은 그 회사에 긍정적인 이미지를 가지고 충성고객이 될 수 있다는 것이다.

고객은 하루에도 수십 번의 접점을 경험한다. 우리의 사무실을 찾아오기 위해 전화를 걸어 위치를 확인할 때, 차를 주차장에 주차시킬 때, 사무실의 문을 열고 들어설 때, 직원들과 눈이 마주쳤을 때, 자신의 일을 처리할 때, 인사를 하고 돌아갈 때 등의 모든 것들이 접점에 해당한다.

이러한 수많은 접점 중 하나만 잘못 관리되어도 고객은 불만족할 수밖에 없으며 고객만족을 위한 우리의 수많은 노력은 물거품으로 돌아가게 된다. 얀 칼슨은 MOT가 일어나는 순간을 15초라고 하여 15초 안에 고객을 만족시켜야만 한다고 주장했다. 우리가 어떤 곳을 방문했을 때의 경험을 떠올려보자.

아마도 그곳의 이미지를 결정하는 데는 15초면 충분하였으리라. 얀 칼슨의 생각이 정확했다는 것은 그가 이루어 놓은 성과로도 확인할 수 있다. 그는 적자기업의 사장으로 취임해서 첫해 목표수익의 3배 초과달성과 올해의 최우수 항공사로 선정되는 등의 영예를 누렸고 지금도 서비스 신화를 창조한 대표적 기업가로 인식되고 있다.

이처럼 접점에 대한 관리는 고객만족의 기초이자 시작이다. 따라서 접점에 우수한 직원들을 배치하고 꾸준한 교육훈련을 통해 고객만족 전문가로서의 가치를 부여해야만 한다.

그럼 두 사건의 차이점은 무엇일까?

차이점은 회사의 대응방법이었다. 도시바는 직원과 회사의 실수를 인정하지 않고 고객과 맞대응해 법정 논쟁까지 벌이려고 했지만 리츠칼튼 호텔에서는 지나치게 고객을 만족시킨-우리나라의 회사나 관공서의 입장에서는 그렇다-직원을 포상하는 등 완전히 상반된 태도를 취했다.

도시바의 직원은 자신이 불량제품을 반품 받았을 때 회사에서 요구하는 복잡한 확인 등의 귀찮은 일에 시달리게 될 것이라고 생각했을지도 모른다. 반면 리츠칼튼 호텔의 직원은 회사의 뚜렷한 서비스 철학에 대한 신뢰가 있었기에 상부의 허락도 없이 하와이까지 날아갈 수 있었을 것이다. 직원들이 회사의 고객만족 정책이나 철학에 깊은 이해가 있고 그것을 신뢰했을 때 훌륭한 서비스가 가능한 것이다.

두 사건의 공통점과 차이점을 살펴보면서 개인과 조직의 상호관계를 다시 한번 생각하게 된다. 접점관리와 회사의 서비스철학에 대한 신뢰의 문제는 행정기관에서 더욱 크게 부각되어져야 한다. 조직이 직원의 서비스수행에 적극적인 뒷받침이 되어 줄 것이라는 사실을 굳게 믿으면 믿을수록 직원들의 서비스 제공 수준은 높아진다. 따라서 행정기관에서도 '국민을 위한 행정에는 이유가 없다'는 명확한 고객만족 가치관의 확산이 절실히 요구된다.

고객과 만나는 세 가지 접점

It's different!

— 스카이 CF광고 중

앞에서 접점 관리가 중요하다는 이야기를 했다. 접점을 강조하다보니 자칫 직원들이 고객과 만나는 바로 그 순간만을 접점이라고 착각하고 그곳에만 집중적인 관리와 투자를 할 소지가 있을 것 같다. 하지만 접점은 직원과 고객이 만나는 그 순간에만 존재하는 것은 아니다. 그것은 첫 번째 접점에 불과하다.

이 첫 번째 접점이 가장 기본적인 접점으로서 고객이 목적 달성을 위해 직원과 상담하는 순간이다. 즉, 사람과 사람의 접점에 해당한다. 고객이 방문했을 때 처음 대하는 직원들의 공손한 인사와 다정한 대화태도 등이 여기에 해당된다.

두 번째 접점은 직원과 그 직원이 속한 조직의 접점을 말한다. 요즘은 고객의 범위가 매우 넓어져서 그 조직에서 일하는 직원들을 내부고객이라고 부를 정도로 구성원들의 역할이 중요시되고 있다.

내부고객이 만족해야만 첫 번째 접점에 대한 훌륭한 관리가 가능하다는 점에서 매우 중요한 접점이기도 하다. 스타벅스(starbucks)의 하워드 슐츠(Howard Schultz)는 이 두 번째 접점에 대해 이렇게 말하고 있다.

많은 사람들이 사업에 있어서 깨닫지 못하는 것은 바로 사업이란 '제로섬 게임'이 아니라는 것이다. 사원 처우개선은 회사의 이익을 깎아먹는 추가비용이 아니라 한 사람의 리더가 비전을 제시하는 것보다 훨씬 크게 기업을 키울 수 있는 원동력으로 봐야만 한다. 한 사람의 리더만으로 기업을 성장시킬 수는 없기 때문이다.

직원과 조직의 접점은 흔히 부하직원과 상사와의 접점으로 표현된다. 부하 직원에게 상사는 조직을 대신해서 직무를 부여하는 사람으로 인식되기 때문이다. 따라서 두 번째 접점에서는 조직과 일에 대한 가치를 충분히 인식한 열정적인 상사의 역할이 중요하게 부각되고 적극적인 복지 및 교육시스템

또한 중요한 지원기능을 수행하게 된다.

세 번째 접점은 고객과 조직의 설비가 만나는 접점이다. 인터넷 홈페이지는 이해하기 쉽고 깔끔하게 정리되어 있는지, 고객이 쉽게 사무실을 찾아올 수 있는지, 고객편의를 위한 내부설비는 잘 갖추어져 있는지 등이 여기에 해당한다.

서비스의식이 부족한 조직의 홈페이지들이 온갖 홍보물과 선전용 배너들로 가득 차 있는 것과는 달리 서비스가 훌륭한 기관의 홈페이지는 깔끔하게 고객의 입장에서 이해하기 쉽도록 잘 정돈된 것을 볼 수 있다. 이렇게 고객의 입장에 서서 각종 시설과 게시물들을 잘 관리하는 것이 세 번째 접점의 핵심인 것이다.

국내의 어느 종합병원은 세 번째 접점의 만족도를 높이기 위해서 병원건물 바닥에 다양한 색의 선을 그어서 선의 색깔을 따라가면 원하는 곳을 찾아갈 수 있도록 했다. 소아과는 노란색, 방사선과는 녹색, 외과는 흰색 이렇게 색깔을 지정해서 선만 따라가면 쉽게 원하는 곳에 갈 수 있도록 한 것이다.

행정기관에서 세 번째 접점은 중요한 의미를 지닌다. 전화나 인터넷을 통한 업무처리가 제약되어 있는 행정기관에서 고객들이 쉽게 위치를 파악하여 방문할 수 있도록 하는 것은 가장 기본적인 서비스 제공방법일 수 있다.

어느 기관의 고객만족도 조사결과를 보면 고객들의 만족도에 가장 큰 영향을 미치는 요인이 '청사의 가시도와 주차시설'

이었다고 한다. 고객들은 자신의 본래 목적 달성여부를 떠나서 찾아가기 힘들고 주차하기 어려운 곳에 대해서는 불만족을 느낀다는 것이다. 이미 주차장에서 한번 곤욕을 치르고 난 후 찾아간 곳에서 얼마나 큰 만족을 얻을 수 있을지 생각해 보면 충분히 이해할 수 있는 일이다.

이 세 가지 접점을 잘 관리하는 것이야말로 고객만족수준을 높일 수 있는 방법이 될 것이다.

서비스에 정보를 추가하라

> 격동기 최대의 위기는 격동 그 자체가 아니라 과거의 논리대로 행동하는 것이다.
>
> — 피터 드러커(Peter Drucker)

행정기관의 서비스를 '영업'이라고 보기에는 다소 무리가 따른다. 영업이라기보다는 '봉사'라고 말하는 것이 본질에 가까울 것이다. 행정기관이 이익을 추구하기 위한 곳도 아니고 서비스를 통해서 개인적인 욕심을 챙기는 곳도 아니기 때문이다.

이런 인식 때문에서인지 공적인 서비스는 공격적이고 주도적이질 못했다. 걸려오는 전화나 잘 받고 찾아오는 고객들에게 불친절하다는 소리만 안 들으면 그것으로 충분하다고 생각하고 있었던 것이다. 1년에 한두 번씩 하는 기관별 서비스품질평가도 직원들의 상냥한 응대와 고객들이 방문의 목적을 무난히 달성할 수 있는 관공서의 환경구성 등이 주된 평가 대상이었다. 이렇게 사기업의 영업서비스가 마케팅을 위한 공격적인 것이라면 행정기관의 서비스는 '욕 먹지' 않을 정도로만 한다는 방어적인 성격이 강한 것이 지금까지의 분위기라고 할 수 있다.

이렇게 고객의 만족을 위한다는 본질은 같은 것임에도 사기업과 행정기관은 그 실천방법에 있어 많은 차이를 보이고 있다. 공공기관에서는 상품이라는 것이 존재하지 않는다. 단지 '고객의 목적'만 있을 뿐이다. 고객이 공공기관을 찾아와서 자신이 원하는바—그것이 주민등록등본발급일 수도 있고 행정에 대한 항의일 수도 있다—를 이루고 돌아간다면 그것으로 상품을 구매하는 것과 똑같이 목적한 것을 이루었다고 볼 수 있다.

공공기관에 대한 고객의 목적은 사기업과는 달리 상품 그 자체가 아니라 다른 목적을 달성하기 위한 수단을 얻는 것이 대부분이다. 사실 사기업이든 공기업이든 고객이 구입하고자 하는 것은 제품 그 자체가 아니라 제품으로 인한 유용함이지만 우리의 비뚤어진 경제관념이 제품이나 상품에 몰입하도록 만들었다. 따라서 공공서비스는 증명서 발급도 중요하지만 증명서를 발급 받아 고객이 이루고자 하는 목적을 원만히 이룰 수 있도록 도와주는 것이 더 중요하다.

그렇다면 공공기관에서는 질 높은 상품 대신에 무엇을 줄 수 있을까? 나는 여기서 행정기관의 서비스에 정보제공기능을 추가하고자 한다.

　최근 서비스라는 개념은 고객과의 관계형성에까지 확대되었고 서비스를 통해 고객에게 필요한 가치들을 제공함으로써 고객의 가치를 높이고 자기 스스로의 가치도 함께 높인다는 Win-Win 관계로까지 나아가고 있다. 행정기관에서의 서비스 또한 친절한 응대와 깔끔한 환경뿐만 아니라 고객에게 보다 좋은 정보들을 제공함으로써 고객의 삶의 질을 변화시킬 수 있도록 하는데 초점을 맞추어야 하겠다.

　행정기관의 서비스는 정보제공기능에 충실해야 할 필요가 있다는 말이다. 사회구조가 복잡해 질수록 개인이 가진 정보의 이용가치가 높아지게 마련이다. 우리사회의 개인은 동사무소, 국민연금, 건강보험, 산재보험, 세무서, 산업인력공단 등 각종 공공기관과 수시로 접촉해야 하며 각 기관에서 사용하는 서식하나와 신고절차가 다르기 때문에 고객은 각종 신고와 신청에 쉽게 지치게 된다. 이러한 때에 공공기관에서 고객에게 맞는 정보들을 충실히 제공해 주면 보다 편리하게 개인의 목적을 달성하고 시간을 절약할 수 있게 된다.

　행정이 복잡해짐으로 인해 담당자들이 습득해야 할 법률지식, 전산정보 등이 갈수록 다양하고 어려워지고 있는 것이 사실이지만 그럴수록 고객들은 더욱 행정에 접촉하기가 어렵고 까다로워진다는 사실을 인식하면서 다양한 정보제공을 위한 자료를 확보해야 한다. 그 과정 속에서 고객과 직원은 상호 관계를 형성하고 보다 발전적으로 성장할 수 있다.

나 이외의 모든 사람이 고객이다

고객만족경영의 철학이 확대되면서 예전의 경영방법과 가장 많이 달라진 것 중 하나는 고객의 범위가 확대되었다는 점일 것이다. 예전에 고객이라고 하면 회사 상품을 이용하는 사람들만을 지칭했지만 지금은 외부에서 회사의 물건을 이용하는 사람들뿐만 아니라 내부적인 동료, 상사, 부하직원들까지 모두 고객의 범위에 포함된다. 우리가 관심을 갖고 만족시켜야 할 사람들이 늘어나게 된 것이다.

직원들의 열정과 헌신과 노력 없이 고객만족은 있을 수 없다. 인력을 하나의 경비지출 항목으로 보던 예전시대와는 달리 이제는 가장 중요한 자산으로 보아야 한다. 대부분의 기업들이 고객만족의 이념을 경영철학으로 정립하는데 어려움을 겪었던 이유는 내부고객들이 경영층이 기대하는 데로 움직이지 않았기 때문이다.

이제 행정기관에서도 고객만족이념을 적극적으로 도입하기 위해 부지런히 움직이고 있다. 민간기업들의 다양한 실패사례와 행정기관만의 독특한 문화를 고려하여 그 도입 시 예상할 수 있는 어려움들과 주의할 점 몇 가지를 생각해 보자.

인사 잘하고 전화 잘 받고 민원인이 화를 내도 절대 화내지 않고 차근차근 응대하는 것 아니겠습니까?

고객만족에 대한 개념을 물었을 때 어느 행정기관의 간부가 한 말이다. 틀렸다고는 할 수 없지만 개념이 너무 협소하고 창구에서 민원응대하는 직원들만을 고객만족 추진의 당사자라고 생각하고 있다는 점에서 문제가 있다.

행정기관에서 고객만족이념을 도입할 때 유의해야 할 첫 번째가 바로 고객만족에 대한 정확한 이해 없이 직원들에게 친절교육을 통해 이루어지는 인사 잘하기, 전화 잘 받기, 민원인에게 화 안내기 정도의 행동방법을 요구하는 것으로 그쳐서는 안 된다는 것이다. 이것은 고객의 개념을 내부고객으로까지 확대하지 못하고 외부에서 찾아오는 고객에게만 한정된 소극적인 개념이기 때문이다.

이제 고객만족에서 직원의 만족은 필수적인 항목이다. 직원의 만족 없이 외부고객들을 만족시킬 수 없거니와 고객만족경영의 당사자는 일선창구의 직원들뿐만 아니라 상부구조를 차지하고 있는 관리자들까지 포함되어야 한다. 오히려 상부관리자들의 역할이 훨씬 중요하고 크다. 최근 리더십연구들의 핵심으로 직원들에게 비전을 제시하고 동기부여하는 능력을 강조하고 있는 이유도 이런 필요성들 때문일 것이다.

서비스교육이라고 하면 인사하는 방법, 대화하는 방법, 전화 받는 방법만을 가르치는 뻔한 교육이라는 생각으로 직원들은 '서비스교육'이라는 말만 나와도 지긋지긋해 한다. 이런 직원들이 생기는 이유는 고객만족에 대한 정확한 이해 없는 무조건적인 도입과 관리그룹의 강 건너 불구경하는 듯한 태도 때문이다. 이것은 자신은 변화하지 않으면서 직원들에게만 변화하라고 요구하는 것과 다를 게 없다. 가정이 화목하고 아이들이 발전하기를 바란다면 부모부터 변해야 한다.

아이들에게 무조건 책 읽을 것을 강요하고 공부할 것을 지시하는 것은 불만만 낳는다. "아버지는 안 하면서 왜 나한테만 시켜"라는 말을 듣고도 태도를 변화시키기는커녕 "어디서 아빠한테 꼬박꼬박 말대꾸야!"는 식으로 아이들을 대한다면 우리의 아이들에게서 부모에 대한 공경과 배려심들을 기대하기는 어려울 것이다.

직원들에게만 친절교육을 강요하고 불친절한 직원들에게 패널티나 주는 방식은 오히려 고객만족경영을 저해하는 요소임을 명확히 알아야 한다.

어느 행정기관에 서비스교육을 갔을 때의 일이다. 그곳의 기관장은 직원들이 출근하지 않은 아침 이른 시간에 간부회의를 하고 자신이 일일이 업무지시를 하며 직원들을 야단치는 그야말로 깐깐하고 권위주의적인 느낌을 주는 사람이었다. 30분 정도 그와 대화를 하면서 오늘 교육은 무척 힘들겠구나 하는 생각을 했다. 왜냐하면 기관장이 권위주의적일 경우 직원들의 분위기는 업무위주로 흐르고 농담이나 유머와는 거리가 멀어져서 팀웍의 발휘나 협조의 분위기는 살아나지 않는 경우가 많다고 생각하고 있었기 때문이었다.

하지만 막상 교육을 시작한지 채 5분이 되지 않아서 그렇게 성급하게 생각한 내 자신이 부끄러워지기 시작했다. 직원들의 교육에 대한 열의는 다른 어떤 곳에도 뒤지지 않았으며 불과 5분 만에 반짝이는 눈동자와 밝은 목소리로 대답하는 분위기에서 뭔가를 배워 보겠다는 열정이 가득함을 느낄 수 있었기 때문이다.

강의를 마치고 돌아오는 길에 생각해 보니 분명한 이유가 있는 듯 했다. 해답은 '깐깐한 기관장'이었다. 그 기관장은 서비스교육의 중요성을 인식하고 있었을 뿐 아니라 자신이 스스로 교육에 참석해서 제일 앞줄에 앉아서 같이 웃고 같이 참여하는 모습을 보여주었다. 평소에도 분명히 직원들에게 친절해야 한다는 강한 메시지를 주장하고 '친절도를 여러분의 능력평가에 반영하겠다'는 의지를 보여주었을 것이다.

엄한 상사 밑에서 유능한 직원이 나온다는 말이 있다. 직원을 권위주의적이고 깐깐하게 대해야 겁먹고 일을 잘한다는 말이 아니라 업무에 대한 정확한 이해를 바탕으로 옳고 그름을 명확하게 말하고 그의 태도와 실적을 평가에 공정하게 반영해야 좋은 직원들을 양성할 수 있다는 뜻이다. 관리층에서 모범을 보이고 기준을 제시하는 것이 고객만족경영의 빠른 확산을 유도하는 길이다.

두 번째 고려해야 할 점은 형식적인 선언에 그치지 않도록 해야 한다는 것이다. 우리 기관은 민원인들에게 좋은 서비스를 제공하기 위해서 이런 조치를 취하고 있다는 것을 보여주기 위해서이거나, 남들도 하니까 우리도 이 정도는 해야 되지 않겠느냐는 식의 인식이라면 큰 효과를 기대하기 어렵다. 오히려 고객들의 서비스에 대한 요구만 높아지게 할 뿐 만족도는 낮아지게 될 것이다.

지금은 거의 모든 기관이 서비스 헌장과 이행지표를 가지고 있다. 하지만 이를 지키는 곳은 드물다. 스스로의 필요에 의해서 구성원들의 참여로 자발적으로 만들어진 것이 아니기 때문이다. 고객만족을 추구하는 경영자라면 그 선언이 형식이나 구호에 그치는 것을 가장 크게 경계해야만 한다. 특히 자리만 지키고 있다가 '떠나면 그 뿐이다'는 생각으로 전시행정에만 열을 올리고 있다면 앞으로 어떤 강력한 비전과 비장한 구호를 내건다 해도 직원과 국민들은 마음을 열어 움직이지 않을 것이다.

세 번째로 생각해야 할 점은 조급한 마음이다. 기관장이나 담당자들과 이야기를 하다 보면 교육의 효과에 대해 긍정적인 이야기를 듣기가 힘들다. 지금까지의 서비스교육의 내용이 만족스럽지 못했기 때문만은 아니었다. 여러 번 직원들을 교육시켜 봤지만 서비스교육이라는 것이 들을 때는 충분히 공감이 가고 변화해야 되겠다는 생각을 하게 되는데 막상 교육을 마치고 강의장을 나가게 되면 불과 몇 시간 만에 교육받기 전의 마음으로 돌아가 버려서 큰 효과가 없더라는 것이다. 그들의 부정적인 생각에는 교육뿐 아니라 다른 여러 가지 방법들도

시도해 보았는데 눈에 보이는 성과가 없더라는 현실적인 경험도 한 몫하고 있다.

밥 한 술로 배부를 수 없듯이 교육은 우리가 아침, 점심, 저녁을 먹듯이 꾸준히 반복해서 이루어져야 한다. 아침을 먹고 그 에너지로 몇 시간을 버티고 다시 점심을 먹고 다시 몇 시간을 열정을 가지고 일하며 다시 에너지가 소진되었을 쯤 저녁을 먹는다.

교육도 마찬가지다. 하나를 배우고 나면 '그렇게 해야겠구나'라는 마음의 움직임이 생긴다. 문제는 그 유효기간이 아주 짧다는데 있지만 잊지 말아야 할 것은 계속되는 교육을 통해 우리는 우리가 알지 못하는 사이에 조금씩 변화한다는 사실이다. 단지 우리가 그것을 느끼지 못할 뿐이다. 오히려 우리의 조급증이 서비스교육 자체가 무의미하다는 인식을 양산하고 있다.

교육이 효과를 발휘하기 위해서는 시스템과 연계되어야 한다. 고객만족이념의 정착이라는 목표 하에 교육, 평가, 상벌, 승진, 인사, 업무추진기준 등이 유기적으로 결합되어야 한다는 말이다. 밥을 먹을 때 다양한 영양소의 반찬을 골고루 섞어 먹어야 균형적인 영양흡수로 튼튼한 몸을 만들 수 있듯이 균형 있는 식단과 같은 좋은 시스템은 조직을 건강하게 만들어준다. 건강한 몸을 만드는 것은 며칠 반짝하는 운동만으로 효과를 거둘 수 있는 것이 아니며 몇 달 또는 몇 년의 꾸준한 시간을 필요로 한다. 고객만족을 위한 경영이념의 정착 또한 건강한 몸만들기와 마찬가지가 아닐까 싶다.

이제 나 이외의 모든 사람이 고객인 시대다. 심지어 나 자신도 나에게 서비스를 받아야 하는 대상이 되기도 하기에 이제 정말 모든 사람들이 나의 고객이라고 해야 할 것이다. 우리 주위의 모든 사람들을 고객으로 섬기는 자세가 아니면 올바른 성장도, 발전도, 미래도 없는 시대가 온 것이다.

플러스 알파(+α)를 만드는 법

당신은 당신이 생각하는 대로 살아야 합니다. 그렇지 않으면 머지않아 당신은 사는 대로 생각할 것입니다.

– 폴 발레리(Paul Valery)

은행이나 행정기관에 가보면 고객들이 두고 간 신분증이 수북하게 쌓여있는 것을 볼 수 있다. 개인정보에 대한 보호가 강조되면서 본인여부를 꼼꼼하게 확인하다 보니 증명서발급 등에 주민등록증의 제시가 필수적이기 때문이다.

우리나라 사람들의 '빨리빨리'정신 덕분에 이렇게 신분증을 놓고 가는 사람들이 부지기수다. 문제는 직원들 중 어느 누구도 그것을 주인에게 돌려줄 생각을 하지 않는다는 것이다. 목마른 사람이 우물을 판다고 아쉬운 사람이 찾아가라는 식이다. 우리의 잘못이 아닌 고객의 잘못으로 인해 두고 간 것을

77

우리가 찾아줘야 할 이유가 없다는 논리다.

그래도 요즘은 생각 있는 직원들이 주민등록증을 찾아주기 위해 전화번호를 조회하고 고객들에게 전화를 걸어서 주민등록증 습득 사실을 안내하거나 우편을 통해 안내문을 보내고 있다니 다행스런 일이다. 하지만 고객들이 놓고 가는 주민등록증은 계속해서 생기게 마련이어서 주민등록증을 찾아주려는 노력도 몇 번의 시도로 끝날 뿐 지속적으로 이루어지지는 않게 된다. 그때그때 처리하지 않으면 쌓여만 가는 양에 짓눌려 전화 한 통화면 끝났을 일이 정말 '일'이 되어 버린다.

그런데 우리의 조직문화는 남들이 나의 업무라고 인정해 주지 않는 일은 일이 아니라고 생각하고 하지 않고 내버려둬도 내 책임이 아니니까 상관이 없다고 생각하는데 익숙하다. 그러다 보니 자연스레 고객들이 두고 간 주민등록증과 서류뭉치들은 쌓여만 가게 된다. 전화도 하고 편지도 보냈지만 찾아가지 않는다는 정당한 것 같이 들리는 변명과 함께 말이다.

사실 자신이 일상적으로 하는 정규화 된 일보다도 누구의 것인지 특정하게 정해지지 않은 업무들이 더 중요한 경우가 많다. 고객에게 감동을 주는 서비스는 규정된 일보다 좀더 높은 차원의 부가적인 부분에서 발생하기 때문이다. 흔히 플러스 알파(+α)라고 하는 부분이다. 이 플러스 알파는 고객이 기대하지 못했던 부분에서 만족을 주기 때문에 고객에게 큰 감동을 주게 된다. 주민등록증을 어디에서 잃어버렸는지조차 알 수 없었던 고객들이 여기 있으니 찾아가라는 전화를 받거나 우편으로 자신이 잃어버린 신분증을 되찾을 수 있다는 것은 분명 고객이 기대하는 것 이상의 플러스 알파에 해당하는 것이다. 심지어는 자신이 일하는 사무실로 가져다주기까지 하니 고객감동을 넘어 '졸도'를 경험할 수 있을 것이다.

어떻게 하면 행정기관에서도 이런 플러스 알파 서비스를 제공할 수 있을까. 행정기관의 특성을 고려해 볼 때, 가장 좋은 방법은 그것을 '업무'로 인정하는 것이다. 남들이 인정하지 않는 일을 하기 싫어한다면 그것을 일로 인정해 주면 된다. 변화의 속도가 늦다고 지적 받는 행정기관에서 사기업들에서 행해지는 서비스의 속도를 따라갈 수 있는 방법은 새롭게 발생되는 서비스적인 요소들을 재빨리 공식적인 업무로 인정함으로써 그 일의 성과를 공식적으로 채택하는 것이다.

오래전 일이지만 고객들에게 메일을 통해 불만사항에 대해 사과를 하고 양해를 구하거나 필요한 정보를 제공하는 인터넷 고객 상담업무를 한 적이 있었다. 홈페이지에 올라오는 고객들의 항의나 불만들을 해소하고자 담당자를 지정하게 된 것이다. 그 일을 하면서 의외로 많은 고객들의 답장들을 받았다. 행정기관에서 이렇게 일일이 친절하게 메일을 통해서 상담해 주어서 놀랐다는 내용과 친절한 안내 때문에 행정기관을 새롭게 보게 되었다는 내용이 담긴 답장을 받으면서 나름대로 일하는 보람에 고무되었던 것 같다.

그때 느낀 것은 역시 행정기관에서는 업무담당자를 지정해야 움직인다는 것이었다. 누가 할 일인지 명확하지 않으면 아무도 하지 않으려는 것은 어찌 보면 당연하지 않은가. 새롭게 발생하는 영역들의 일은 그 일을 우리의 것으로 인식하고 담당자를 지정해야 한다. 그것도 빠르면 빠를수록 좋을 것이다. 변화의 속도에 둔감한 것이 행정조직이라고는 하지만 현실에 대한 감각과 책임감을 가지고 있다면 새롭게 발생하는 것들에서 중요한 서비스적인 가치를 발견할 수 있고 사기업들의 서비스수준을 충분히 따라갈 수 있을 것이다.

모든 것을 고객중심으로 바꿔라

인류는 손발 경제, 두뇌 경제를 거쳐 마음의 경제로 이행하고 있다. 경제가 발전하려면 국민의 마음가짐이 올발라야 한다.

－ 아서 루이스(Arthur Lewis)

공무원의 불친절은 국가 경쟁력의 저하와 직결된다. 행정서비스의 실패가 정부에 대한 국민의 불신과 연결되고 우리사회의 성실한 정서를 파괴하여 민간경제의 발목을 잡기 때문이다. 어느 집단이나 중요한 문제를 판단할 때 기준으로 생각하고 고려해야 할 기준집단이 있기 마련이다. 우리 사회에서는 공무원집단이다. 공무원집단은 임금수준, 신분보장수준, 복지수준 등에 있어 곧잘 민간기업과 비교되어 협상의 근거가 되기도 하고 청렴도, 친절도, 성실도 등에 있어서 그 사회의 효율성에 판단자료가 되기도 한다.

따라서 행정서비스의 질 또한 민간서비스의 수준과 비교되고 그 사회의 서비스지표로써 국민들의 정서에 큰 영향을 미치게 된다. 행정담당자들이 성실하게 훌륭한 서비스를 제공하면 민간부분도 탄력을 받아 시너지 효과를 발휘하게 될 것이고 서비스의 실패가 계속되면 그 부작용은 정치와 정부에 대한 불신으로 귀결될 것이다.

현재 우리 사회가 직면한 문제들을 보면 행정서비스의 질적 저하가 정치에 대한 불신과 연계되어 국민이 정부와 행정서비스를 믿지 못하고 있는 데 많은 원인이 있는 듯하다. 세금을 납부하지 않고 버티고 있는 사람들을 추적해서 징수하는 내용의 TV프로그램을 보면서 저렇게 부유한 사람들이 세금을 왜 미납할까하는 생각을 하곤 했었는데, 미납자들에게 국세청 직원들이 강제징수를 하면서 왜 납부하지 않는 지를 물어보면 "정부를 어떻게 믿어, 나한테 정부가 해준 게 뭐 있어"라고 오히려 화를 내거나 말도 안 되는 변명들을 늘어놓는 경우가 대부분이었다. 정치권의 무성의와 정부의 서비스결여가 조세저항을 가져오고 미납에 대한 면죄부를 준 것은 아닌가 싶다.

그럼 우리는 무엇을 해야 할까?

아마도 이런 오래된 불신을 해결할 수 있는 방법을 쉽게 찾을 수는 없을 것이다. 하지만 그렇다고 아무 것도 하지 않은 채 손놓고 있을 수는 없는 일이다. 지금 뭔가를 해야 한다면 답은 분명히 고객 속에 있을 것이다. 모든 것을 고객중심으로 바꾸는 것, 그것이 해답이 될 것이다.

고객만족을 최우선의 목표로 삼고 모든 것을 고객중심으로 바꾸게 되면 일선 공무원들을 정치권에 의한 부정적인 영향으로부터 해방시킬 수 있다. 고객인 국민을 중심으로 자신이 책임지고 일한다는 사실에 대한 자각은 정치적인 제한이나 규제에서 벗어날 수 있도록 하는 중요한 근거가 된다. 공무원들이 규정 때문에 못해 왔던 것들을 고객중심경영에서는 바꿀 수 있게 된다. 국민에 대한 편의가 행정적 규제보다 앞서게 되는 것이다.

하지만 유의할 것이 있다. 사기업과 달리 공공기관은 특정 집단의 이익을 대변하는 것이 아니라 모든 국민의 이익을 위한다는 점이다. 환경오염 폐기물을 방류하는 기업이 환경오염 규제를 완화해 달라고 요구한다면 이것은 국민의 이익을 위한 것이 아니므로 수용해서는 안 된다. 공익이라는 큰 틀 안에서 고객중심체제가 성립되어야 한다.

고객만족을 지향하는 행정은 조직구조와 리더십을 민주적인 방식으로 운영하도록 강제한다. 고객의 편의를 중심으로 구조를 개편하게 되고 리더십 또한 권위주의적인 문화에서 고객중심의 민주성과 참여를 중시하는 경향으로 바뀌게 될 것이다. 고객만족을 중심으로 하는 체계는 상사의 눈치를 보지 않고 고객을 중심으로 사고하도록 요구하게 되어 권위주의적 행정문화의 청산을 가져오게 된다. 리더 또한 예전의 수직적인 사고체계로는 더 이상 조직을 이끌어 나갈 수 없다는 사실을 인식하게 되고 점차 개방적이고 수평적인 리더십으로 변화하게 되는 것이다.

마지막으로 고객중심으로 바꾸게 되면 고객에게 참여 기회를 제공하게 된다. 고객만족을 지향하는 행정은 국민들이 선택할 수 있는 권리와 알 권리를 확대시키며 고객의 욕구를 파악하고 그 욕구가 만족될 수 있도록 노력하기 때문이다. 이때, 참여는 곧 지지를 의미한다. 우리는 자신이 참여한 만큼 지지하는 경향이 있기 때문이다.

행정기관과 고객이 접촉할 때 고객들이 서비스가 향상되었다고 느끼게 되면 서비스의 선순환이 이루어진다. 해당 행정기관의 이미지가 상승하고 정부에 대한 신뢰도가 증대될 것이며 이러한 신뢰는 정치가 경제발전의 발목을 잡고 있다는 인식을 극복하고 국가경쟁력을 높여 줄 것이다.

하지만 우리는 정치권이 먼저 맑아지고 현실성 있는 제도를 구현해 주기만을 기다리고 있다. 지금의 서비스문제가 우리 책임이 아니라는 것을 주장하기 위해 윗물이 흐리다는 사실을 강조하기까지 한다. 기다리기만 해서 이루어지는 일은 없다. 고객을 중심으로 사고와 행동은 우리가 먼저 시작해야 한다. 그래야 다른 것들이 변한다.

서비스맨 두 번 죽이기

> 자극은 순수하면 순수할수록 커지고, 자극이 커지면 그곳
> 에서 얻는 경험도 많아집니다. 따라서 중요한 것은 경험이
> 아니라 경험에서 얻는 자극입니다.
>
> — 나카타니 아키히로[中谷彰宏]

직장인은 온갖 스트레스를 받는다. 직장 내 인간관계, 경제
적 부담, 명예퇴직에 대한 압박, 노후에 대한 걱정, 육아, 건강
문제, 정치에 대한 회의 등 그야말로 모든 것이 스트레스이다.

게다가 고객을 상대해야 하는 직장인들은 고객을 만족시켜
야 한다는 또 하나의 스트레스로 시달리게 된다. 고객을 만나
는 일이 스트레스가 아니라고 생각하는 사람이 있다면 다행이
지만 고객을 직접 상대하는 사람들의 대부분은 그것이 스트레
스라는 것에 동의할 것이다.

이렇게 고객상담이 스트레스일 수밖에 없는 것은 상대방의
감정을 고려하면서 자신의 업무를 진행시켜 나가야 하기 때문
이다. 한비자(韓非子)는 "모름지기 자신의 의견을 표현하기가
어렵다는 것은 설득할 대상의 마음을 읽고 자신의 의견을 그
것에 맞추어야 하기 때문이다"라는 말로 상대방에게 자신의
의견을 맞출 것을 강조하고 있다. 자신의 인간적 존엄성과 정
치적 신조까지 포기하면서 고객에게 맞추어야 한다는 사실은
보통 사람들에게 엄청난 정신적 희생을 가져온다. 그만큼 고

객과의 만남은 힘든 것이다.

규정에 메여 마땅한 해결방안이 제약되어 있는 공공기관에서는 정해진 결론으로 어떻게 고객을 유도해 나갈 것이냐를 고민해야 하기 때문에 어려움이 배가 된다. 또 고객들마다 개성이 다양해서 각각의 감정과 특성에 맞게 상담해야 하기 때문에 그 정신적 고충은 이루 말할 수가 없다. 그래서 고객을 만나야 하는 서비스맨은 복잡하고 난해한 업무를 담당하는 고도의 '상담전문직종'이라고 할 수 있다.

하지만 우리의 조직이나 관리자는 서비스맨을 전문직업인으로 인정하지 않는다. 그냥 특정한 한 분야에서 고객을 상담하고 일을 처리하는 업무담당일 뿐이라고 생각한다. 동사무소의 사회복지담당, 등본발급담당, 은행의 대출담당, 카드담당 등의 업무로만 생각하고 있는 것이다.

동사무소의 사회복지담당만 하더라도 무의탁 노인, 소년소녀가장, 생계곤란 장애인 등의 다양한 사회적 약자들의 복잡한 상황과 감정들을 치유하는 전문적인 업무를 하는 사람이지만 관리자는 조직에게 주어진 특정한 분야의 일을 맡은 사람으로 생각해 버린다.

직원의 감정노동에 대한 가치를 전혀 모르고 있는 것이다. 감정이 꼬인 고객과의 상담이 얼마나 큰 정신적인 스트레스를 주는지, 그것이 잘 해결되지 않았을 때 갖게 되는 심리적인 압박감이 얼마나 큰지에 대해서는 생각해 보지도 않고 조직차원에서 보상해야겠다는 생각은 더더욱 없다. 감정적인 노동은 눈에 보이지 않아 개인적인 고통으로만 취급되기 때문이다.

고객상담을 기관장들에게나 있는 '우호적인 손님맞이' 정도로 생각해서는 안 된다. 그래서는 직원들이 왜 고객과 마찰이 생기고 불평, 불만을 유발하는지 이해하지 못하게 된다. 그러다가는 아무도 고객을 상담하는 일을 맡지 않으려 할 것이다.

스트레스의 해결은 자기의 몫이지만 조직의 책임도 크다.

권한에는 책임이 따르고 의무에는 그에 상응하는 보상이 따르기 마련이다. 고객서비스가 의무라면 그에 맞는 보상이 있어야 한다. 하다못해 고객상담 업무가 우리 조직에서 가장 중요하고 당신에게 그 일을 맡긴 것은 '내가 당신을 믿기 때문이다'는 수장의 말 한마디라도 있어야 한다.

그런 것도 없이 서비스맨에게 적극성을 기대하고 '미소'를 교육하는 것은 부질없는 욕심이다. Give & Take다. 조직의 상부에서 먼저 주어야 한다.

감정노동의 가치를 인정해 줄 수 있는 멋진 관리자들이 지금 우리에게는 절실하다. 일선에서 고객과 접촉하는 서비스맨들을 두 번 죽이는 것은 온갖 어려움 속에서 일하고 있는 그들을 인정해 주지 않는 조직의 분위기인 것이다.

옛 것과 남의 것 사이

계획과 목표 관리에 입각하여 삶과 일을 꾸려가던 산업

시대의 고정관념을 따를 것인가, 아니면 상상력과 창의력을
무기로 시대를 선도할 것인가?

－ 게리 하멜(Gary Hamel)

백화점이나 대형 할인매장에 가보면 정문에서부터 한복을
입거나 깔끔한 정장을 빼 입은 직원들이 일렬로 줄을 서서 문
을 열고 들어오는 고객들에게 큰 목소리를 인사를 하는 것을
볼 수 있다. 그때마다 웬만큼 간이 큰 사람 아니고서는 그 앞
을 고개 치켜들고 당당하게 지나치기가 어렵겠다는 생각을 하
곤 하는데 그런 부담감이 싫어서 가끔은 매장의 뒷문으로 들
어가기도 한다. 게다가 매장에서 물건을 구경하려고 이리저리
둘러보기만 하면 직원들이 바로 따라붙어서는 찾으시는 물건
이 뭐냐며 사람을 재촉한다. 그 때문에 물건 구경을 제대로 못
하고 '그냥 구경 중이에요'라고 말하며 자리를 피해 다른 곳
으로 옮겨간다. 피해간 곳에서도 역시 '찾으시는 물건 있으세
요'라는 직원의 인사말을 듣게 된다. 구경만 하지 말고 빨리
물건 사서 가라는 재촉같이 들린다.

고객만족 서비스 분야에서는 일본이 앞서간다는 이야기를
많이 듣는다. 한번은 일본에서 온 서비스 전문가를 우리나라
의 서비스가 훌륭하다는 백화점으로 안내해서 한국의 서비스
수준이 높다는 것을 알리려고 했던 일이 있었다. 깔끔하고 정
리정돈 잘된 훌륭한 백화점도 둘러보고 멋진 제복을 입은 '얼
짱' 엘리베이터 걸이 안내하는 승강기도 타 본 후 그 일본인

서비스 전문가는 이런 말을 남겼다.

"이건 서비스가 아니고 체조예요."

일본이나 미국과 같은 서비스 선진국에서 수입된 서비스문화의 부작용이 낳은 결과이다. 직원들을 일렬로 세워 놓고는 찾아오는 고객들에게 인사하게 하고, 구경을 하고 있는 고객에게 바짝 다가가서 부담스러운 질문을 해대고, 마치 마네킹 같은 화장과 복장을 하고 로봇 같은 언어를 사용하면서 안내하는 엘리베이터 걸이 있다는 사실을 친절하다는 표식으로 이해하고 있는 것이다. 이런 것들이 고객들에게 오히려 부담감을 준다는 사실을 깨달았는지 요즘은 조금씩 서비스 방법들이 달라지고 있다. 하지만 아직도 우리의 현주소는 소위 서비스 선진국이라는 곳에서 잘못 수입된 것들로 가득 차 있다.

우리의 서비스 의식 발전을 가로막는 한 가지 요인이 더 있다. 이른바 관존민비(官尊民卑)라고 불리는 유교적 전통의 잔재이다. 관존민비사상은 정부·관리를 존중하고, 일반 국민과 민간의 사업을 비천한 것이라고 여기는 사고방식을 말하는데 이것은 관이 주도하는 경제개발정책과 맞물려 우리의 사회전반에 뿌리 깊게 자리 잡고 있는 듯하다. 독일의 사회학자 막스 베버(Max Weber)는 "근대적인 관리들도 높은 신분적·사회적 존경을 추구하며 대부분 그것을 향수하려고 한다"고 하여 봉건적 전통은 쉽게 사라지지 않는다는 사실을 강조한다.

국민을 통제의 대상으로 보는 관존민비의 사상은 사회발전과 함께 관리가 국민의 공복(公僕)으로 바뀐 뒤에도 사라지지 않고 있다. 민원인이 찾아와도 웃을 줄 모르고 복장을 왜 깔끔하게 입고 다녀야 하는지에 대해서도 알지 못한다. 공직자로서 사람을 만나고 복장을 깔끔하게 하고 약속을 지키는 것에 모범을 보여야 한다는 생각이 없다. 규칙을 정하고 적용시키는 일에만 익숙해 졌기 때문이다. 그 규칙을 자신에게 더욱 엄격하게 적용시켜야 한다는 생각은 하지 못한다. 전통적인 유교적 가치관이 급격히 붕괴되면서 새로운 가치관의 결핍에서 오는 부정적인 현상들이 바로 이런 이기적인 개인주의의 만연이다.

이런 상황에서 행정서비스가 제대로 이루어질 리 만무하다. 젊은 세대들은 자신만의 목소리를 내기에 여념이 없고 기성세대들은 그들의 개인주의를 통제해야 할 것으로 규정하고 반목한다. 그러다가도 고객들이 새로운 것을 요구해 오면 조직 내의 젊은 세대와 기성세대는 그제서야 하나가 되어 '그런 개인적인 것들까지 다 받아 줄 형편이 못 된다'고 한 목소리를 낸다. 이것이 옛 것의 폐해이다.

이렇게 우리의 서비스 문화는 외국으로부터 수입되어 온 남의 것들과 이미 수명이 다한 옛 것 사이에서 갈등하고 있다. 수입되어 온 것은 내 것이 아니기에 사용이 서툴고, 옛 것은 지금은 사용할 수가 없을 정도로 노후한 상태인 것이다.

이제 온전한 새로운 우리들의 것이 필요하다. 이것은 모든 사람들이 말하는 자연스럽고 이웃사촌 같이 부드럽고 다정한 서비스 문화를 말한다. 백화점에서 물건을 맘껏 구경하고, 필요하다 싶을 때 점원을 찾을 수 있고, 고객이 찾아오면 자연스럽게 웃으면서 마치 동네 이웃같이 말 건네주는 자연스러운 서비스가 그것이다. 남의 것에 억지로 끼워 맞추려 하거나 옛 것에 미련이 남아 주저해서는 얻을 수 없을 것이다. 강요되어서도 얻을 수 없는 것이다. 자발성에 기초하지 않은 조직이 위험천만한 이유는 구성원들의 욕구를 짓누르기 때문이다. 구성원들의 욕구를 무시하고서 얻을 수 있는 것은 없다. 욕구는 개인적인 것이기 때문이다. 그렇다면 문제는 남의 것과 옛 것 사이에 숨어 있는 우리 각자의 자연스러운 욕구를 찾아내는 것이 아닐까.

현장제일주의를 선언하자

고객을 행복하게 만들거나 치를 떨게 만드는 사람은 직원들이다.

어느 곳에서나 고객들을 자신의 가족이나 친구처럼 대하고 새로운 가치를 만들어 내기 위해 스스로에게 동기를 부여해 가며 진정한 서비스맨으로 인정받는 사람들이 있기 마련이다. 그런데 좀 지나다 보면 이런 탁월한 서비스맨들은 창구와 현장에 있지 않는다. 탁월한 서비스능력을 발휘해서 능력을 인정받게 되면 주로 기획부서나 인사부서에서 이들을 빼가 버리거나 승진해서 다른 부서로 옮겨가 고객접점과는 멀어지게 된다. 게다가 한번 떠나고 나면 다시는 접점부서로 돌아오지 않으려 한다. 결국 서비스접점 부서는 고약한 민원응대와 복잡한 업무처리를 전담하는 유배지로 인식되고 누구도 그 부서에는 가려고 하지 않는다.

하지만 진정으로 고객만족을 기치로 하는 조직이라면 서비스접점 부서에 탁월한 인재들이 배치되어야 한다. 게다가 그곳의 팀장 또한 서비스 전문가일 뿐만 아니라 고위직으로의 승진을 위한 중요한 교차점에 위치해야 한다. 그래야만 고객만족을 지향하는 분위기를 만들어 낼 수 있다.

훌륭한 서비스맨들이 현장에 있어야만 하는 이유를 정리해 보자.

첫째, 다른 직원들이 배울 수 있는 기회를 제공한다.

탁월한 서비스를 제공하는 직원과 근무하는 사람들은 그 태도와 기법을 자기도 모르게 따라서 배우게 된다. 서비스의 파급효과가 발생하는 것이다. 인간은 좋은 모습을 본받으려는 습성이 있다. 게다가 그것이 자신이나 팀의 성과와 직결된다면 두말할 나위 없을 것이다.

둘째, 실질적인 고객만족의 이념을 구현할 수 있다.

앞에서도 언급했듯이 능력 있는 사람의 접점배치와 인정은 그 조직이 진정으로 고객만족을 추구하고 있다는 사실을 구성원들에게 선언하는 결과를 가져오고 구성원들은 접점에 배치되기 위해 자연스럽게 서비스를 몸에 익히게 될 것이다. 마치 퇴근 후 영어학원을 다니는 사람들처럼 서비스아카데미를 찾아다닐지도 모른다. 게다가 접점부서의 팀장이 승진과 인사고과에 유리하고, 실제로 서비스접점근무경력과 우수한 성과를 가진 팀장을 우선으로 배치한다면 구성원 전원이 고객만족에 대한 중요성을 다시 인식할 수 있게 될 것이다.

그동안 경영자들이 고민해 왔던 일하는 조직 만들기를 해결하는 방법 중 가장 좋은 방법은 고객들과 만나는 부서를 중요시함으로써 직원들이 고객들을 중심으로 움직이게 만드는 것이다. 그것이 조직에 활력을 불어넣고 일할 수 있는 조직으로 만드는 일이다. 이면지 사용하기, 지각하지 않기, 출장비 아끼기 등의 사소한 것들에 얽매이기 보다는 보다 본질적인 가치의 변화를 추구하는 조직이 성공하는 조직이 될 것이다.

셋째, 스스로에게 도움이 된다.

접점이란 고객들이 우리와 만나는 곳이다. 우리를 평가하는 사람이 고객이라는 점에서 고객의 사소한 변화에 대응하고 조직의 활로를 개척하는 선구자로서 접점은 가장 중요한 곳임이 분명하다. 이곳에서 근무하는 직원은 스스로 고객들과 만나는 품성을 키우고 스킬을 익히고 자신을 개발할 수 있는 기회를 부여받게 된다. 고객중심시대에 고객접점에서 일할 수 있는 기회를 놓치지 않고 자신의 가치를 높일 수 있다면 그 자신에게도 큰 도움이 될 것이다. 이제는 고객의 마음을 읽을 수 있는 탁월한 서비스맨들이 조직에서 승진하고 자신의 인생도 성공하는 시대다. 우리를 평가하는 사람이 바로 고객이기 때문이다.

모든 것을 고객중심으로 바꿔라

초판발행 2004년 8월 30일 | 3쇄발행 2007년 10월 20일
지은이 안상헌
펴낸이 심만수 | 펴낸곳 (주)살림출판사
출판등록 1989년 11월 1일 제9-210호

주소 413-756 경기도 파주시 교하읍 문발리 파주출판도시 522-2
전화번호 영업·(031)955-1350   기획편집·(031)955-1357
팩스 (031)955-1355
이메일 salleem@chol.com
홈페이지 http://www.sallimbooks.com

ISBN 89-522-0280-5 04080
　　　 89-522-0096-9 04080 (세트)

값 3,300원